Stephan Eschler

Ökonomische Folgen des demographischen Wandels

Diversity Management als Lösungsansatz

Diplomica Verlag GmbH

Eschler, Stephan: Ökonomische Folgen des demographischen Wandels: Diversity Management als Lösungsansatz, Hamburg, Diplomica Verlag GmbH 2016

Buch-ISBN: 978-3-95934-975-8
PDF-eBook-ISBN: 978-3-95934-475-3
Druck/Herstellung: Diplomica® Verlag GmbH, Hamburg, 2016

Bibliografische Information der Deutschen Nationalbibliothek:
Die Deutsche Nationalbibliothek verzeichnet diese Publikation in der Deutschen Nationalbibliografie; detaillierte bibliografische Daten sind im Internet über http://dnb.d-nb.de abrufbar.

© Diplomica Verlag GmbH
Hermannstal 119k, 22119 Hamburg
http://www.diplomica-verlag.de, Hamburg 2016
Printed in Germany

Executive Summary

Der demographische Wandel in Deutschland zieht weitreichende Folgen mit sich. Dies wird deutlich durch eine niedrige Geburtenziffer von 1,40 Kindern pro Frau, ein seit 1970 herrschendes Geburtendefizit, ein stetiger Anstieg des Alters der Mütter bei der Geburt, einen Anstieg der kinderlosen Frauen, eine steigende Lebenserwartung sowie ein hohes, positives Migrationssaldo. Die Erwerbstätigenquote in Deutschland wird bis 2060 um etwa ein Viertel fallen. Das Sozialversicherungssystem wird in der derzeitigen Struktur keine Zukunft haben. Die Bildung wird zunehmend an Bedeutung gewinnen. Positiv wirkt sich der demographische Wandel auf das Gesundheitswesen aus. Die Bevölkerung wird insgesamt länger und dabei auch länger gesund leben. Der Bedarf an Gesundheitsdienstleistungen wird steigen, was sich unter anderem positiv auf die Arbeitskräftenachfrage in dieser Branche auswirken wird.

Das Diversity Management als Lösungsstrategie bietet die Möglichkeit besonders die ungenutzten Erwerbspotenziale, Frauen und Migranten, besser auszunutzen sowie ältere Arbeitnehmer langfristig an das Unternehmen zu binden. Mentoring, altersgemischte Teams, Retention Management, Employer Branding oder ein betriebliches Gesundheitsmanagement sind einige Instrumente des Diversity Managements.

Die erhobene Umfrage zeigt, dass der demographische Wandel in den Unternehmen angekommen ist. Erste Auswirkungen sind aufgetreten und die Unternehmen mussten und haben reagiert. Lösungsstrategien mit potentiellen hohen Erfolgsfaktor werden dabei aber bisher weder effizient genug umgesetzt noch als effektiv betrachtet. Dies wird Auswirkungen auf die Zukunftsfähigkeit der Unternehmen haben.

Inhaltsverzeichnis

I   Abkürzungsverzeichnis

Abb.	Abbildung
AGG	Allgemeines Gleichbehandlungsgesetz vom 14. August 2006, zuletzt geändert durch Gesetz vom 03. April 2013.
Aufl.	Auflage
bzw.	beziehungsweise
BiB	Bundesinstitut für Bevölkerungsforschung
ca.	circa
d. h.	das heißt
2003/361/EG	Empfehlung der Kommission vom 06. Mai 2003 betreffend die Definition der Kleinstunternehmen sowie der kleinen und mittleren Unternehmen
et al.	et alii (lateinisch: „und andere")
EU	Europäische Union
f.	folgende
ff.	fortfolgende
Hrsg.	Herausgeber
KMU	kleine und mittlere Unternehmen
OECD	Organisation for Economic Co-operation and Development (englisch: Organisation für wirtschaftliche Zusammenarbeit und Entwicklung)
S.	Seite
Eurostat	Statistisches Amt der Europäischen Union
Destatis	Statistisches Bundesamt
Tab.	Tabelle
TFR	Total Fertility Rate (englisch: Zusammengefasste Geburtenziffer)
vgl.	vergleiche
z. B.	zum Beispiel

II Abbildungsverzeichnis

III Tabellenverzeichnis

1   Einleitung

Der demographische Wandel gilt als einer der Megatrends der heutigen Zeit. Der deutschen Bevölkerung widerfährt eine Entwicklung bezüglich der Altersstruktur und Bevölkerungsanzahl wie sie noch nie zuvor dagewesen ist.

Der Schwerpunkt dieser Untersuchung liegt in der Analyse der Demographie, also der Bevölkerungsentwicklung in Deutschland sowie den Auswirkungen des demographischen Wandels. Unter Berücksichtigung der Faktoren Fertilität, Mortalität, Lebenserwartung und Migration wird die Entwicklung der Bevölkerungszahlen in Deutschland der Jahre 1950 bis 2014 wiedergegeben. Auf Grundlage der 13. koordinierten Bevölkerungsvorausberechnung des Statistischen Bundesamtes wird eine Prognose der zu erwartenden Entwicklung aufgestellt. Anzumerken ist hier, dass lediglich eine Prognose berücksichtigt wurde. Das Statistische Bundesamt hat insgesamt acht Prognosen erstellt, jeweils mit unterschiedlichen Werten für die Geburtenzahl, Lebenserwartung und Migrationssaldo. In dieser Untersuchung wurde Variante 2 berücksichtigt. Sie geht von einer konstanten Geburtenzahl von 1,4 Kindern je Frau, einer auf hohem Niveau steigenden Lebenserwartung bis zum Jahr 2060 und einem positiven Wanderungssaldo von +200.000 bis zum Jahr 2060 aus.

Aufbauend auf die Bevölkerungsentwicklung werden die Auswirkungen dieser Entwicklung für die Wirtschaft genauer untersucht. Die Grundlage bildet hier vor allem die Beschäftigtenstruktur. Neben den sozialen und ökonomischen Auswirkungen werden die Auswirkungen für die Unternehmen sowie sonstige, nicht genauer einzuordnende Auswirkungen dargestellt.

Im dritten Kapitel werden für die zuvor dargestellten Auswirkungen Lösungsvorschläge vorgestellt. Zunächst werden einige allgemeine Lösungsansätze erläutert. Der Schwerpunkt dieses Kapitels liegt auf der Untersuchung des Diversity Managements. Es zielt nicht darauf ab, den demographischen Wandel in positiver Weise zu beeinflussen, sondern wird als Konzept betrachtet, das von Unternehmen umgesetzt wird, um aus der sich ändernden Beschäftigtenstruktur den größtmöglichen Nutzen zu erzielen. Zunächst erfolgt eine historische Einordnung beziehungsweise (bzw.) die Darstellung der Entstehung des Diversity Managements. Darauf aufbauend wird das Diversity Management genauer beschrieben und es werden einige Instrumente vorgestellt, die der Idee dieses Konzeptes entsprechen. Nachdem die Vorteile dargestellt wurden, erfolgt eine kritische Bewertung.

Im vierten Kapitel wird eine für diese Untersuchung erhobene Umfrage mit dem Titel „Wirtschaftliche Folgen des demographischen Wandels in Deutschland" dargestellt. Insgesamt haben 101 Unternehmen an dieser Umfrage teilgenommen. Das Ziel dieser Umfrage war es zu klären, ob der demographische Wandel, bzw. die Auswirkungen die er mit sich führt, sich schon in den Unternehmen bemerkbar gemacht haben, wie sich diese Auswirkungen bemerkbar gemacht haben und wie darauf reagiert wurde. Außerdem wurden auf Grundlage von Expertenmeinungen und bereits erhobenen Studien Lösungsstrategien vorgegeben, die hinsichtlich der Effektivität und der Umsetzbarkeit bewertet werden sollen.

2 Demographie in Deutschland

Die Demographie, oder auch Bevölkerungswissenschaft, untersucht die Entwicklung der Bevölkerungsbewegung unter Berücksichtigung der Faktoren Fertilität, das heißt (d. h.) die Fruchtbarkeit, Mortalität, d. h. die Sterblichkeit, sowie Migration, die Zu- und Abwanderung.[1] Durch den Zensus im Jahr 2011, den jährlich stattfinden Mikrozensus, sowie durch die 13. koordinierte Bevölkerungsvorausberechnung aus dem Jahr 2015 liegen sehr präzise Daten zur Untersuchung der Bevölkerungszahlen in Deutschland vor.

2.1 Faktoren der Demographie

Die Faktoren Fertilität, Mortalität, damit einhergehend die Lebenserwartung, sowie Migration haben maßgeblichen Einfluss auf die demographische Entwicklung in Deutschland. Da die Bevölkerungszahl in Deutschland sinken wird und das Durchschnittsalter steigen wird, befindet sich Deutschland im demographischen Wandel, präzise ausgedrückt liegt eine *„demografische Alterung"*[2] vor.[3] Bei der folgenden Untersuchung der Bevölkerungsentwicklung wird nicht der Vergleich zu anderen Ländern gezogen, sondern lediglich der jeweilige Stand Deutschlands im internationalen Vergleich kurz dargestellt.

2.1.1 Fertilität

Unter dem Oberbegriff Fertilität sind weitere Faktoren zu untersuchen. Neben der tatsächlichen Geburtenzahl, definiert als Lebendgeborene pro Jahr, ist die zusammengefasste Geburtenziffer (TFR)[4], d. h. die durchschnittliche Anzahl lebendgeborener Kinder pro Jahr je Frau, das Alter der Mütter bei der Geburt des Kindes sowie

---

[1] vgl.: Gabler Wirtschaftslexikon; hier:
     http://wirtschaftslexikon.gabler.de/Archiv/2215/bevoelkerungswissenschaft-v8.html (Stand: 11.11.2015)
[2] vgl.: Gabler Wirtschaftslexikon; hier:
     http://wirtschaftslexikon.gabler.de/Archiv/2581/demografische-alterung-v10.html (Stand: 11.11.2015)
[3] vgl.: Stock, R.; Personalmanagement; Theorien – Konzepte – Instrumente; 3. Aufl.; Wiesbaden; 2013; S. 680
[4] vgl.: Gabler Wirtschaftslexikon; hier:
     http://wirtschaftslexikon.gabler.de/Archiv/2218/fertilitaetsmasse-v12.html (Stand: 12.11.2015)

der Anteil der kinderlosen Mütter relevant. Die TFR liegt in Deutschland mit 1,40 im Jahr 2015 deutlich unter dem Durchschnitt der Europäischen Union (EU) mit 1,57.[5]

Abbildung (Abb.) 1 zeigt die Entwicklung der Lebendgeborenen von 1950 bis 2014 in Deutschland. Die Geburtenstärksten Jahrgänge liegen zwischen 1950 und 1965. In diesem Bereich liegt auch der Höchststand an Lebendgeborenen pro Jahr mit 1.357.304 Kindern im Jahr 1964. Ab 1965 sanken die Zahlen der Lebendgeboren und hielten seit 1973 in etwa ihr Niveau mit nur wenigen größeren Abweichungen. Den niedrigsten Stand gab es 2011 mit 662.985 Lebendgeborenen. Seitdem ist wieder ein leichter Anstieg zu beobachten.

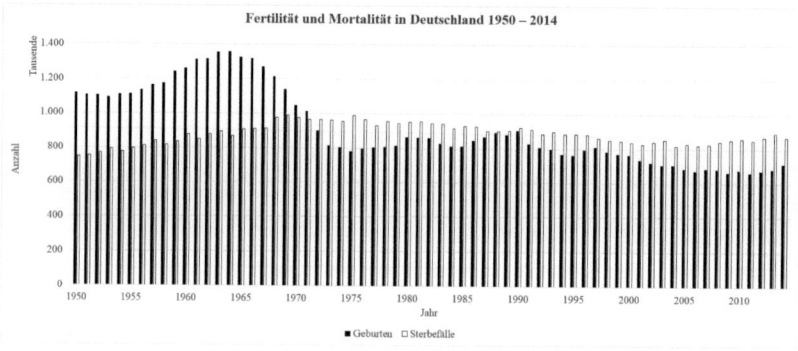

Abb. 1: Fertilität und Mortalität in Deutschland von 1950 – 2014[6]

Auffällig dabei ist, dass das durchschnittliche Alter der Mütter bei der Geburt ansteigt. So waren um 1970 mehr als zwei Drittel der Mütter zwischen 15 und 29 Jahre alt und circa (ca.) ein Drittel zwischen 30 und 49 Jahre.[7] Etwa ab dem Jahr 2000 waren schon mehr als die Hälfte der Mütter zwischen 30 und 49 Jahre alt.[8] Frauen mit mehreren Kindern bekommen ihr erstes Kind zumeist in jüngeren Jahren. Das Durchschnittsalter einer Mutter mit nur einem Kind lag 2013 bei 30 Jahren, das Durchschnittsalter einer Mutter mit zwei Kindern bei 27 Jahren und bei drei oder

---

[5]   vgl.: Eurostat; hier: http://ec.europa.eu/eurostat/web/products-datasets/-/proj_13naasfrlv (Stand: 12.11.2015)
[6]   eigene Darstellung in Anlehnung an Anhang Nr. I; Tabelle (Tab.) 5: Geburten, Sterbefälle und Migration in Deutschland 1950 – 2014
[7]   vgl.: Statistisches Bundesamt (Hrsg.) (II); Bevölkerung Deutschlands bis 2060; 13. koordinierte Bevölkerungsvorausberechnung; Wiesbaden; 2015; S. 28
[8]   vgl.: ebenda

mehr Kindern bei 25 Jahren.[9] Der Anteil der Frauen, die ihr erstes Kind vor Vollendung des 30. Lebensjahr bekommen haben, ist stark gesunken und damit einhergehend auch die Geburtenzahl pro Frau. Sie sank von 2,2 zwischen 1933 und 1964 auf 1,4 im Jahr 2013.[10] Der Zeitpunkt der Familiengründung, besonders der des Kinderwunsches, rückt also zeitlich gesehen immer weiter nach hinten und wird von den biologischen Faktoren, bis zu dem es möglich ist Kinder zu bekommen, immer stärker eingegrenzt.[11]

Stark angestiegen ist die Kinderlosenquote, d. h. der Anteil der Frauen, der im Vergleich zu allen anderen Frauen desselben Jahrgangs keine Kinder bekommen. Statistisch wird die endgültige Kinderlosigkeit einer Frau ab dem Alter von 50 Jahren angesehen.[12] 2012 lag der Anteil der kinderlosen Frauen im Alter zwischen 40 und 44 Jahren bei 22% und damit fast doppelt so hoch wie im Jahr 1990.[13] Dabei ist der Anteil der kinderlosen Frauen bei Akademikerinnen deutlich höher als bei den übrigen Frauen, daher sind hier auch die Gründe für die niedrige Fertilität in Deutschland zu finden.[14] So sieht der überwiegende Teil der kinderlosen Frauen die Unvereinbarkeit von Familie und Beruf als Grund an keine Kinder zu bekommen, vier Fünftel geben einen Zielkonflikt zwischen Beruf und Familie an, etwa zwei Drittel sehen berufliche Nachteile und etwa die Hälfte befürchtet erhebliche finanzielle Einschränkungen.[15]

Die Folge dieser Entwicklung wird ein weiterer Rückgang der Geburten sein, da das Alter der Frauen bei der Geburt des ersten Kindes noch weiter ansteigen wird und damit steigt auch der Anteil der Frauen, die nur ein Kind bekommen. Außerdem steigt die Zahl der Frauen, die gar kein Kind bekommen. Dies wird, allein betrachtet ohne Berücksichtigung der Faktoren Mortalität sowie Migration, zu einem Rückgang der Bevölkerungszahlen in Deutschland führen. Deutschland ist somit ein „Niedrig-

---

9   vgl.: Statistisches Bundesamt (Hrsg.) (III); Geburtentrends und Familiensituation in Deutschland; Wiesbaden; 2015; S. 31
10   vgl.: Statistisches Bundesamt (Hrsg.) (II); Bevölkerung Deutschlands bis 2060; a. a. O.; S. 28 ff.
11   vgl.: Statistisches Bundesamt (Hrsg.) (II); Bevölkerung Deutschlands bis 2060; a. a. O.; S. 28 ff.
12   vgl.: Statistisches Bundesamt (Hrsg.) (III); Geburtentrends und Familiensituation in Deutschland; a. a. O.; S. 31
13   vgl.: ebenda
14   vgl.: Günther, T.; Die demografische Entwicklung und ihre Konsequenzen für das Personalmanagement; in: Preißing, D. (Hrsg.); Erfolgreiches Personalmanagement im demografischen Wandel; München; 2010; S. 3-40: hier S. 8
15   vgl.: ebenda

Fertilitätsland".[16] Für den langfristigen Bevölkerungserhalt müsste die Fertilitätsrate von derzeit 1,4 auf 2,1 steigen.[17]

2.1.2 Mortalität und Lebenserwartung

Der zweite Faktor sind die Zahl der Gestorbenen sowie die Lebenserwartung in Deutschland. Die deutsche Sterberate liegt im Jahr 2015 mit 11,42 Gestorbenen über dem EU-Durchschnitt mit 10,42 Gestorbenen.[18] Die Lebenserwartung bei der Geburt liegt in Deutschland für Männer und Frauen zusammen mit 80,9 Jahren leicht über den EU-Durchschnitt von 80,6 Jahren im Jahr 2013.[19]

Ebenfalls in Abb. 1 ist die Anzahl der Gestorbenen in Deutschland von 1950, mit 748.329 Gestorbenen, bis 2014, mit 868.356 Gestorbenen dargestellt. Große Schwankungen wie bei der Anzahl der Lebendgeborenen sind zunächst nicht zu beobachten. Lediglich ein leichter Anstieg von 1950 bis 1975, mit dem Höchststand von 989.649 Gestorbenen, ist erkennbar.

Bei Betrachtung der Sterbeziffer[20] werden die Schwankungen jedoch deutlicher. Zwischen 1950 und 1970 stieg die Sterbeziffer von 10,9 auf bis zu 12,8 an, zwischen 1970 und 1985 blieb sie relativ konstant auf hohem Niveau bei über 12 und sank erst ab 1986 kontinuierlich bis 2006 auf 10 ab, seitdem ist ein leichter Anstieg auf 11,1 im Jahr 2013 zu beobachten.[21] Gründe für die Schwankungen liegen vor allem darin, dass die Sterblichkeit zunächst von Säuglingen und Kleinkindern und später erst bei der älteren Bevölkerung rückläufig war, sowie die Ablösung von Infektionskrankheiten, die die gesamte Bevölkerung betrafen und aufgrund der medizinischen Möglich-

---

[16] vgl.: ebenda

[17] vgl.: Fuchs, J.; Demografie und Fachkräftemangel; Die künftigen arbeitsmarktpolitischen Herausforderungen; in: Bundesgesundheitsblatt; 56/2013; S. 399-405; hier S. 399

[18] vgl.: CIA – The World Factbook; hier: https://www.cia.gov/library/publications/the-world-factbook/fields/2066.html (Stand: 13.11.2015)

[19] vgl.: Eurostat; hier: http://ec.europa.eu/eurostat/tgm/refreshTableAction.do?tab=table&plugin=1&pcode=tps00025&language=de (Stand: 13.11.2015)

[20] *Die Sterbeziffer gibt die Zahl der Gestorbenen pro 1.000 Einwohner an*; vgl.: Gabler Wirtschaftslexikon; hier: http://wirtschaftslexikon.gabler.de/Archiv/2219/mortalitaetsmasse-v9.html (Stand: 13.11.2015)

[21] vgl.: Statistisches Bundesamt (Hrsg.) (I); Bevölkerung und Erwerbstätigkeit; Zusammenfassende Übersichten Eheschließungen, Geborene und Gestorbene 1946-2014; Wiesbaden; 2015; S. 3

keiten oft zum Tod geführt haben, mit den Zivilisationskrankheiten, z. B. Krebs- und Herz-Kreislauferkrankungen.[22]

Beim Vergleich der Anzahl an Lebendgeborenen mit der Anzahl der Sterbefälle pro Jahr fällt auf, dass bis 1971 die Zahl der Lebendgeborenen über der Zahl der Sterbefälle lag, es gab ein Geburtenüberschuss. Ab 1972 war hingegen die Zahl der Gestorbenen größer als die Zahl der Lebendgeborenen, seitdem herrscht in Deutschland ein Geburtendefizit, oder auch Sterbeüberschuss genannt.

Die Lebenserwartung wird in Deutschland mit Hilfe von Periodensterbetafeln berechnet.[23] In Abb. 2 ist die Lebenserwartung in Deutschland für Männer und Frauen der Jahre 1950 bis 2014 jeweils bei der Geburt abgebildet.

Abb. 2: Lebenserwartung in Deutschland von 1950 – 2014[24]

Zu erkennen ist ein stetiger Anstieg der Lebenserwartung. So lag sie 1950 für Männer bei 64,6 Jahren und für Frauen bei 68,5 Jahren und ist bis 2014 auf 78,4 Jahre für Männer und 83,4 Jahren für Frauen gestiegen. Bei einem Vergleich der Lebenserwartung des späten 19. Jahrhunderts, wo Männer durchschnittlich 35,6 und Frauen 38,4 Jahre alt wurden, fällt auf, dass sie sich bis heute mehr als verdoppelt hat.[25]

---

[22] vgl.: Günther, T.; Die demografische Entwicklung und ihre Konsequenzen für das Personalmanagement; a. a. O.; S. 4
[23] vgl.: Statistisches Bundesamt (Hrsg.) (II); Bevölkerung Deutschlands bis 2060; a. a. O.; S. 34 f.
[24] eigene Darstellung in Anlehnung ebenda
[25] vgl.: ebenda

Gründe für das Ansteigen der Lebenserwartung sind vornehmlich die Innovationen und Fortschritte in der Medizin, Hygiene, Ernährung und Wohnsituation, aber auch Erkenntnisse im Arbeitsschutz sowie der steigende Wohlstand der Gesellschaft.[26]

2.1.3 Migration

Abbildung 3 zeigt die Zu- und Abwanderung in Deutschland von 1950 bis 2014. Das Wanderungssaldo, also die Differenz aus Zuwanderung und Abwanderung, ist bis auf wenige Ausnahmen stets positiv.

Gründe für die starke Zuwanderung lagen im sind zum Beispiel in den 1960er Jahren die Anwerbung von ausländischen Fachkräften um den Arbeitskräftemangel auf dem deutschen Arbeitsmarkt aufgrund der konjunkturellen und demographischen Entwicklung entgegenzuwirken.[27] In den 1980er und 1990er Jahren waren Familiennachzüge aus Osteuropa, speziell aus den Staaten der ehemaligen Sowjetunion, vorwiegende Gründe für die starken Zuwanderungszahlen.[28] Aber auch die Anzahl an Flüchtlingen und Asylsuchenden trug erheblich zur Zuwanderung in den 1990er Jahren bei.[29] Seit 2009 ist die Zahl der Asylanträge wieder stark angestiegen, von 33.033 auf 202.834 im Jahr 2014.[30]

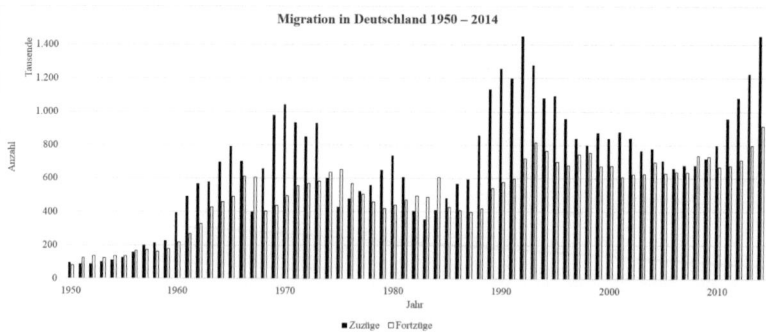

Abb. 3: Migration in Deutschland von 1950 – 2014[31]

---

[26] vgl.: ebenda
[27] vgl.: Münz, R.; Seifert, W.; Ulrich, R.; Zuwanderung nach Deutschland; Strukturen, Wirkungen, Perspektiven; 2. Aufl.; Frankfurt/Main; 1999; S. 46 f.
[28] vgl.: Statistisches Bundesamt (Hrsg.) (II); Deutschlands Bevölkerung bis 2060; a. a. O.; S. 37 ff.
[29] vgl.: Münz, R.; Seifert, W.; Ulrich, R.; Zuwanderung nach Deutschland; a. a. O.; S. 54 ff.
[30] vgl.: Bundesamt für Migration und Flüchtlinge (Hrsg.); Das Bundesamt in Zahlen 2014; Asyl, Migration und Integration; Nürnberg; 2015; S. 11
[31] eigene Darstellung in Anlehnung an Anhang Nr. I; Tab. 5: Geburten, Sterbefälle und Migration in Deutschland 1950 – 2014

Wie viele andere Industrienationen hat sich Deutschland zu einem Einwanderungs-
land entwickelt, um den Auswirkungen des demographischen Wandels, die Alterung
der Bevölkerung und das Sinken der Bevölkerungszahlen, entgegenzuwirken.[32] Im
EU-Vergleich sind dabei die Einwanderungszahlen in Deutschland seit Jahren mit
weitem Abstand am höchsten.[33]

2.2 Bevölkerungsstruktur in Deutschland 1950 – 2014

Die Bevölkerungsstruktur wird, wie beschrieben, von den zuvor untersuchten
Faktoren Fertilität, Mortalität und Migration beeinflusst. Zunächst wird in diesem
Abschnitt die Bevölkerungsentwicklung auf Grundlage der erwähnten Faktoren der
Jahre 1950 bis 2014 beschrieben und im Abschnitt 2.3 eine Prognose der Bevölkerungsentwicklung von 2015 bis zum Jahr 2060 erstellt. Der Betrachtungszeitrum
liegt dabei bewusst in den Nachkriegsjahren, da Faktoren wie z. B. Krieg die
Bevölkerungsstruktur und Bevölkerungsentwicklung in extremer Weise beeinflussen
können. Für den Zeitraum von 1950 bis 1989 beziehen sich sämtliche nachfolgenden
Daten auf Westdeutschland inklusive West-Berlin. Aufgrund der Komplexität aber
auch des teilweisen Mangels an Daten wurde die Deutsche Demokratische Republik
in dieser Betrachtung nicht berücksichtigt. Ab 1990 beziehen sich die Daten auf das
wiedervereinigte Gesamtdeutschland.

Abbildung 4 gibt die Entwicklung der Bevölkerungszahl in Deutschland wieder. Die
Bevölkerungsanzahl ist bis 1989 von 50.958.125 auf 62.679.035 gestiegen. Nach der
Wiedervereinigung 1990 stieg sie weiter von 79.753.227 auf den Höchststand im
Jahr 2002 mit 82.536.671 und sank nur leicht bis 2011. Seitdem ist wieder ein
leichter Anstieg der Bevölkerungszahl zu beobachten.

---

[32] vgl.: Sachverständigenrat deutscher Stiftungen für Integration und Migration (Hrsg.); Unter
Einwanderungsländern. Deutschland im internationalen Vergleich; Jahresgutachten 2015; Berlin;
2015; S. 91
[33] vgl.: Bundeszentrale für politische Bildung (bpb); hier:
http://www.bpb.de/gesellschaft/migration/dossier-migration/56589/migrationsdaten (Stand:
14.11.2015)

Abb. 4: Bevölkerungsentwicklung in Deutschland von 1950 – 2014[34]

Zum 31.12.2014 lag die Bevölkerungsanzahl auf Grundlage der Bevölkerungsvorausberechnung bei 81,2 Millionen.[35] Die Anzahl der Lebendgeborenen lag 2014 bei
714.927, die Geburtenziffer betrug 1,43 Kinder je Frau.[36] Die Zahl der Gestorbenen
lag bei 868.373 und somit gab es 2014, wie auch seit 1972 in allen Jahren zuvor, ein
Geburtendefizit in Höhe von 153.446.[37] Insgesamt 1.464.724 Menschen sind 2014
nach Deutschland zugezogen und 914.241 Menschen sind aus Deutschland fortgezo-
gen, das Wanderungssaldo beträgt +550.483.[38]

Aus Abbildung 4 lassen sich die verschiedenen Generationen ableiten:[39]

- Babyboomer   (Geburtsjahre: 1946 – 1964)

- Generation X   (Geburtsjahre: 1965 – 1979)

- Generation Y   (Geburtsjahre: 1980 – 1995)

- Generation Z   (Geburtsjahre: 1996 – ?)

---

[34] eigene Darstellung in Anlehnung an Anhang Nr. I; Tab. 5: Geburten, Sterbefälle und Migration in
Deutschland 1950 – 2014
[35] vgl.: Statistisches Bundesamt (Hrsg.) (II); Bevölkerung Deutschlands bis 2060; a. a. O.; S. 37 ff.
[36] vgl.: Destatis; hier:
https://www.destatis.de/DE/ZahlenFakten/GesellschaftStaat/Bevoelkerung/Bevoelkerungsstand/Be
voelkerungsstand.html (Stand: 13.11.2015)
[37] vgl.: ebenda
[38] vgl.: Destatis; hier:
https://www.destatis.de/DE/ZahlenFakten/GesellschaftStaat/Bevoelkerung/Bevoelkerungsstand/Be
voelkerungsstand.html (Stand: 13.11.2015)
[39] vgl.: Mangelsdorf, M.; Von Babyboomer bis Generation Z; Der richtige Umgang mit unterschiedlichen Generationen im Unternehmen; Offenbach; 2015; S. 13

Die Babyboomer sind sowohl durch ein traditionelles Familienbild geprägt, in dem die Eltern verheiratet waren und mehrere Kinder bekamen, als auch durch klare Hierarchieverhältnisse.[40] Die Arbeitswelt entwickelte sich von einer patriarchischen Ordnung hin zu mehr Gleichberechtigung, da auch ein immer größer werdender Teil der Frauen, mit hohen Bildungsabschlüssen, auf den Arbeitsmarkt drängten.[41] Die Generation X zeichnet sich durch ein sich wandelndes Familienbild, mehr alleinerziehende Mütter, größere Unsicherheit und Individualisierung sowie ein verstärktes Konkurrenzdenken, gerade in Bezug auf den Arbeitsplatz aus.[42] Für die Generation Y steht die Arbeit als Mittel zur Selbstverwirklichung im Mittelpunkt einer schnelllebigen und durch Elektronik dominierenden Welt.[43] Für die Generation Z liegt noch keine genauere Definition der Verhaltensmuster und der individuellen Prägung vor.[44] Da diese Generation auch gerade erst auf den Arbeitsmarkt getreten ist bzw. treten wird, spielt sie auch nur eine untergeordnete Rolle.

Dass die Bevölkerungszahl in Deutschland bisher nicht, bzw. nur unwesentlich gesunken ist, liegt allein an dem hohen positiven Wanderungssaldo, dass das Geburtendefizit bisher ausgleichen konnte.

Für den Abschnitt 2.4 „Auswirkungen des demographischen Wandels" ist die Untersuchung des Arbeitsmarktes, insbesondere die Untersuchung der Erwerbsfähigen, des Erwerbsfähigenpotentials, die Erwerbspersonen und die Erwerbstätigen, relevant. Erwerbsfähige sind alle die Personen in der Bevölkerung im Alter zwischen 15 und 65 Jahre, unabhängig davon ob sie einer Erwerbstätigkeit nachgehen oder nicht.[45] Erwerbspersonen setzen sich aus der Summe der Erwerbstätigen und den Erwerbslosen zusammen.[46] Erwerbstätige sind diejenigen, deren Alter zwischen 15 und 65 Jahren liegt und einer Tätigkeit, die auf einen wirtschaftlichen Erwerb ausgerichtet ist, nachgehen.[47] Erwerbslose sind Personen, die keiner Tätigkeit

---

[40] vgl.: Mangelsdorf, M.; Von Babyboomer bis Generation Z; a. a. O.; S. 14 f.
[41] vgl.: ebenda
[42] vgl.: ebenda; S. 16 f.
[43] vgl.: ebenda; S. 18 f.
[44] vgl.: ebenda; S. 20 f.
[45] vgl.: Statistische Ämter des Bundes und der Länder (Hrsg.) (I); Demografischer Wandel in Deutschland; Auswirkungen auf die Entwicklung der Erwerbspersonenzahl; Wiesbaden; 2009; S. 6
[46] vgl.: ebenda
[47] vgl.: ebenda

nachgehen, aber für den Arbeitsmarkt zur Verfügung stehen und sich um eine Beschäftigung bemühen.[48]

Wie Abbildung 5 zu entnehmen ist, ist die Zahl der Erwerbsfähigen von 37,50 Millionen (Mio.) auf 43,79 Mio. bis 1990 gestiegen, ein Anstieg von 16,76%. Von 1991 bis 2005 stieg sie abermals auf bis zu 55,64 Mio., sank seitdem aber leicht auf 53,47 Mio. im Jahr 2015, eine Abnahme um insgesamt 2,33%. Die Zahl der Erwerbstätigen stieg bis 1990 auf 29,03 Millionen, eine Zunahme von 15,20%, und stieg nochmals bis 2015 von auf 39,90 Mio., ein weiterer Anstieg um 7,47%. Die Zahl der Erwerbslosen stieg zwar bis 1990 extrem stark an, um mehr als 1000%, sank aber seit 1991 um 26,78% auf 19,30 Millionen im Jahr 2015. Die Gründe für das starke Ansteigen der Erwerbslosenzahlen waren u. a. die erste Ölkrisen 1973 und 1980 sowie die jeweils darauffolgenden Rezessionen, wohingegen die Reformen der Hartz-Kommission für das Sinken verantwortlich sind.[49]

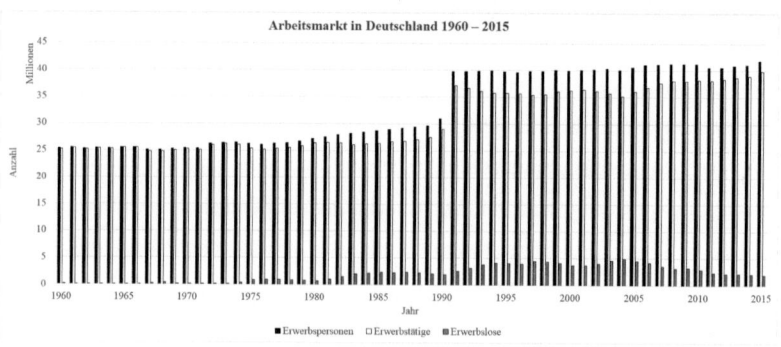

Abb. 5: Arbeitsmarkt in Deutschland 1960 – 2015[50]

Die Erwerbstätigenquote der Männer ist zwar seit 1960 von über 90% auf ca. 77% im Jahr 2014 gefallen, sie hält sich aber seit einigen Jahren auf diesem Niveau.[51] Die Erwerbstätigenquote der Frau hingegen stieg erst nur sehr langsam von 1960 mit

[48] vgl.: ebenda
[49] vgl.: Egle, F.; Arbeitsmarktintegration; Grundsicherung – Fallmanagement – Zeitarbeit – Arbeitsvermittlung; 2. Aufl.; Wiesbaden; 2008; S. 44
[50] eigene Darstellung in Anlehnung an Statistisches Bundesamt (Hrsg.) (V); Mikrozensus; Bevölkerung und Erwerbstätigkeit Stand und Entwicklung der Erwerbstätigkeit in Deutschland; Wiesbaden; 2015; S. 39 ff.
[51] eigene Berechnung in Anlehnung an ebenda

47% bis zur Wiedervereinigung auf ca. 55% an.[52] Erst seit 2000 ist ein stetiger Anstieg auf 69% im Jahr 2014 zu beobachten.[53]

Beim Vergleich der Arbeitslosenquoten fällt auf, dass es weniger Arbeitslose ohne Migrationshintergrund gibt als Personen mit Migrationshintergrund, dies ist ebenfalls der Fall bei den Langzeitarbeitslosen, d. h. die Arbeitslosigkeit dauert 12 Monate oder länger an.[54] Im Vergleich liegen die relative Arbeitslosenquote sowie die Langzeitarbeitslosenquote von Ausländern in Relation zu den Inländern 2013 in Deutschland höher als in der EU.[55] Bei den Erwerbstätigenquoten der 25- bis 64-jährigen liegt Deutschland hingegen über den EU-Durchschnitt, sowohl für Inländer, für Unionsbürger als auch für Drittstaatsangehörige.[56]

2.3   Bevölkerungsprognose bis 2060

Auf Grundlage des Zensus von 2011 veröffentliche das Statistische Bundesamt im April 2015 die 13. koordinierte Bevölkerungsvorausberechnung unter dem Titel „Bevölkerung Deutschlands bis 2060 – 13. koordinierte Bevölkerungsvorausberechnung".[57] In dieser Berechnung wurden insgesamt acht Varianten berechnet, die sich aus der Kombination unterschiedlicher Annahmen zur Geburtenhäufigkeit, Lebenserwartung und Migrationssaldo ergeben.[58] Im weiteren Verlauf dieser Untersuchung beziehen sich die Daten auf Variante 2, die von einer konstanten Geburtenrate von 1,4 Kinder je Frau, einer hohen Lebenserwartung bei der Geburt im Jahr 2060, für Männer liegt diese bei 84,8 Jahren und für Frauen bei 88,8 Jahren, sowie einem langfristigen Wanderungssaldo von +200.000 ausgeht.[59]

---

[52] eigene Berechnung in Anlehnung an ebenda
[53] eigene Berechnung in Anlehnung an ebenda
[54] vgl.: Sachverständigenrat deutscher Stiftungen für Integration und Migration (Hrsg.); Unter Einwanderungsländern. Deutschland im internationalen Vergleich; a. a. O.; S. 105
[55] vgl.: ebenda
[56] vgl.: ebenda; S. 107
[57] vgl.: Statistisches Bundesamt (Hrsg.) (II); Bevölkerung Deutschlands bis 2060; a. a. O.; S. 5
[58] vgl.: ebenda; S. 13
[59] vgl.: ebenda; S. 36

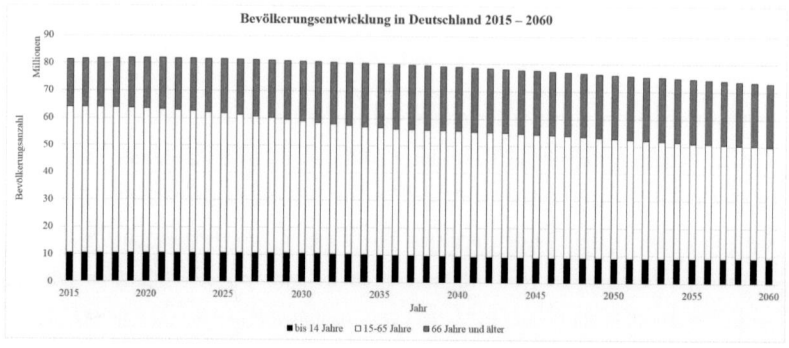

Abb. 6: Bevölkerungsentwicklung in Deutschland 2015 – 2060[60]

Abbildung 6 zeigt die prognostizierte Entwicklung der Bevölkerung in Deutschland von 2015 bis 2060. Nach dieser Prognose steigt die Bevölkerungszahl bis zum Jahr 2020 auf 81,95 Millionen Menschen und fällt dann konstant auf 73,08 Millionen im Jahr 2060. Bei der Betrachtung der Altersgruppen fällt auf, dass der Anteil der bis 14-jährigen auf einem nahezu konstant niedrigen Niveau bleibt. Der Anteil der Erwerbsfähigen, also der 15- bis 65-Jährigen, sinkt von 66% im Jahr 2015 auf nur noch 56% im Jahr 2060. Dieser Anteil sinkt um fast ein Viertel. Wohingegen der Anteil der über 65-Jährigen von 17,29 Millionen, 21%, auf 23,81 Millionen, 32%, steigen wird, also um fast ein Viertel.

Neben der reinen Bevölkerungszahl ist die Betrachtung des Jugend-, des Alten- sowie des Abhängigenquotienten aufschlussreich.[61] Der Jugendquotient gibt das Verhältnis der noch nicht erwerbsfähigen Bevölkerung, in dieser Betrachtung die unter 15-Jährigen, zur erwerbsfähigen Bevölkerung, die 15- bis 65-Jährigen, an.[62] Der Altenquotient zeigt das Verhältnis der nicht mehr erwerbsfähigen Bevölkerung, die über 65-Jährigen, zur erwerbsfähigen Bevölkerung.[63] Der Abhängigenquotient

---

[60] eigene Darstellung in Anlehnung an ebenda; S. 37 ff.
[61] vgl.: Börsch-Supan, A.; Wilke, C. B.; Zur mittel- und langfristigen Entwicklung der Erwerbstätig-keit in Deutschland; in: Zeitschrift für Arbeitsmarktforschung; 01/2009; S. 29-48; hier S. 32
[62] vgl.: Bundesinstitut für Bevölkerungsforschung (BiB); hier: http://www.bib-demografie.de/DE/Service/Glossar/_Functions/glossar.html?lv2=3071692&lv3=3074180 (Stand: 21.11.2015)
[63] vgl.: BiB; hier: http://www.bib-demografie.de/SharedDocs/Glossareintraege/DE/A/altenquotient.html (Stand: 21.11.2015)

zeigt das Verhältnis aus der Summe der unter 15-Jährigen und über 65-Jährigen zu den Erwerbsfähigen der Bevölkerung.[64]

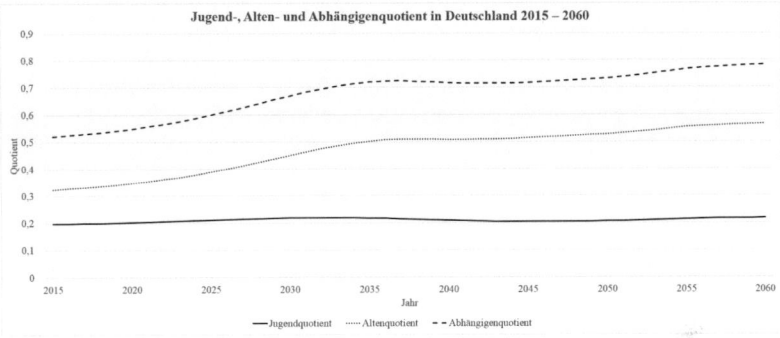

Abb. 7: Jugend-, Alten- und Abhängigenquotient in Deutschland 2015 –2060[65]

In Abb. 7 ist die Entwicklung der drei Quotienten von 2015 bis 2060 abgebildet. Während der Jugendquotient nur minimale Schwankungen aufweist, ist eine deutliche Steigung bei dem Altenquotienten und damit auch bei dem Abhängigenquotienten erkennbar. Die Zahl der Abhängigen wird weiter ansteigen und somit wird die Last, die die Erwerbstätigen in Form von z. B. Beiträgen zu Sozialversicherungen zu tragen haben, stark ansteigen. Die Gründe für diese Entwicklung liegen in den Geburten- und Sterbezahlen, die in Abb. 8 dargestellt sind. Zu erkennen ist, dass die Zahl der Lebendgeborenen bis 2020 erst auf 707.000 steigen, dann aber bis 2060 auf nur noch 553.000 fallen wird. Der zuvor beschriebene Trend, dass die Mütter bei der Geburt des Kindes immer älter werden, setzt sich fort. So liegt der Anteil der Mütter die bei der Geburt zwischen 20 und 35 Jahre alt waren 2015 noch bei 37% und fällt bis 2060 auf 28%.[66]

---

[64] vgl.: BiB; hier: http://www.bib-demografie.de/DE/Service/Glossar/_Functions/glossar.html?lv2=3071676&lv3=3074178 (Stand: 21.11.2015)

[65] eigene Darstellung in Anlehnung an Statistisches Bundesamt (Hrsg.) (VI); Bevölkerung Deutschlands bis 2060; Ergebnisse der 13. koordinierten Bevölkerungsvorausberechnung; Wiesbaden; 2015; S. 63 f.

[66] vgl.: Statistisches Bundesamt (Hrsg.) (VI); Bevölkerung Deutschlands bis 2060; a. a. O.; S. 63 f.

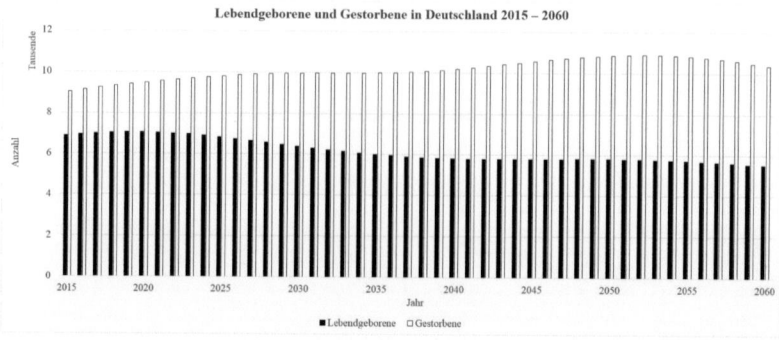

Abb. 8: Lebendgeborene und Gestorbene in Deutschland 2015 – 2060[67]

Die Zahl der Gestorbenen steigt von 2015 bis 2052 auf ca. 1.090.000 und fällt dann leicht bis 2060 auf ca. 1.038.000. Weiterhin bestehen bleibt das Geburtendefizit, das sich zahlenmäßig bis zum Jahr 2060 im Vergleich zum Jahr 2015 verdoppeln wird. Um dieses Defizit auszugleichen und die Bevölkerungszahl konstant auf aktuellen Niveau zu halten, wäre ein Wanderungssaldo von jährlich +400.000 bis zum Jahr 2060 notwendig.[68] Ebenfalls wird die Lebenserwartung weiterhin steigen, bei Männern auf 84,8 Jahre und bei Frauen auf 88,8 Jahre bei der Geburt im Jahr 2060.[69] Im Gegensatz zu den Zahlen der Lebendgeborenen und der Gestorbenen lassen sich die Zahlen zur Migration aufgrund nicht-vorhersehbarer weltpolitischer Ereignisse nicht begründbar belegen, da zukünftige weltpolitische Ereignisse nicht vorhersehbar sind. In dieser Annahme von einem positiven Wanderungssaldo ausgegangen, das 2015 bei +500.000 liegt, dann fällt und ab 2021 konstant bei +200.000 liegen wird.[70]

2.4 Auswirkungen des demographischen Wandels

Die zuvor untersuchte Bevölkerungsentwicklung Deutschlands bis 2014 zeigt, dass der demographische Wandel schon vor mehreren Jahren in Deutschland Einzug gehalten hat. Bei Betrachtung der Bevölkerungsstatistiken der Jahre vor 1950 traten die ersten Kennzeichen sogar schon um 1900 auf.[71] Die sinkenden Geburtenzahlen

---

[67] eigene Darstellung in Anlehnung an ebenda
[68] vgl.: Sachverständigenrat zur Begutachtung der gesamtwirtschaftlichen Entwicklung (Hrsg.); Herausforderungen des demografischen Wandels; Expertise im Auftrag der Bundesregierung; Wiesbaden; 2011; S. 95
[69] vgl.: ebenda; S. 5
[70] vgl.: Statistisches Bundesamt (Hrsg.) (II); Bevölkerung Deutschland bis 2060; S. 63 f.
[71] vgl.: Günther, T.; Die demografische Entwicklung und ihre Konsequenzen für das Personalmanagement; a. a. O.; S. 4

insgesamt, die sinkenden Geburtenzahlen je Frau sowie das Ansteigen des Alters der Frauen bei der Geburt sind erste eindeutige Kennzeichen. Zwischen 1950 und 1971 gab es noch einen deutlichen Geburtenüberschuss, dieser Überschuss sank jedoch ab 1965 und seit 1972 hat sich dieser zu einem Geburtendefizit bzw. Sterbeüberschuss entwickelt der bis heute anhält und wenn die Prognose eintreten wird, auch darüber hinaus anhalten wird.[72] Das Wanderungssaldo war, wie in Unterabschnitt 2.1.3 beschrieben, mit wenigen Ausnahmen zwischen 1950 und 2014 immer positiv.[73] Im Vergleich der Differenz der Anzahl an Geburten und Gestorbenen mit der Differenz aus Einwanderern und Auswanderern in Deutschland wird deutlich, dass allein aufgrund des hohen positiven Wanderungssaldos die Bevölkerungsanzahl in Deutschland bisher nicht gesunken ist bzw. in einigen Jahren sogar noch gestiegen ist.

Entwickelt sich die Bevölkerung wie in der Prognose angegeben, wird sich der demographische Wandel stärker bemerkbar machen als bisher. Dieser Prozess, der bisher als schleichend wahrgenommen wurde, wird deutlich mehr Dynamik aufnehmen.[74] Wie zuvor beschrieben werden die Geburtenzahlen insgesamt sowie die Geburtenzahlen je Frau weiter sinken, das Alter der Frauen bei der Geburt wird noch steigen und aufgrund der hohen Lebenserwartung wird der zunehmend älter werdende Teil der Bevölkerung zu einer noch höheren Sterbezahl beitragen. Als Konsequenz wird die Bevölkerung nicht nur altern sondern die Bevölkerungszahl wird ab 2020 ebenso stetig sinken. Diese Veränderung der Altersstruktur in der Bevölkerung wird unmittelbare Konsequenzen, unter anderem für das Sozialsystem, aber auch die Wirtschaft in Deutschland mit sich führen. Manche Auswirkungen haben sich schon bemerkbar gemacht und es wurde, vor allem seitens der Politik, versucht Maßnahmen zu treffen, die diesen Auswirkungen entgegentreten, wie z. B. die erwähnte Anwerbung von Arbeitskräften vor allem in den 1960er Jahren.[75] In den folgenden Unterabschnitten werden ausgewählte Auswirkungen unter Berücksichtigung des demographischen Wandels beschrieben.

---

[72] vgl.: Anhang 6.1 Geburten, Sterbefälle, Zuwanderung und Abwanderung in Deutschland 1950 – 2014
[73] vgl.: ebenda
[74] vgl.: Statistische Ämter des Bundes und der Länder (Hrsg.) (II); Demografischer Wandel in Deutschland; Bevölkerungs- und Haushaltsentwicklung im Bund und in den Ländern; Wiesbaden; 2011; S. 3
[75] vgl.: Münz, R.; Seifert, W.; Ulrich, R.; Zuwanderung nach Deutschland; a. a. O.; S. 46 f.

2.4.1 Soziale und ökonomische Auswirkungen

Das deutsche Sozialsystem wird im besonderen Maße die Folgen zu spüren bekommen. Das derzeitige Solidarprinzip beruht auf den Generationenvertrag, d. h. der noch-nicht-erwerbstätige Teil der Bevölkerung, die bis 14-jährigen, sowie der nicht-mehr-erwerbstätige Teil der Bevölkerung, die über 65-jährigen, sind abhängig von dem erwerbstätigen Teil der Bevölkerung, da dieser die Beiträge zu der Rentenversicherung, der gesetzlichen Krankenversicherung und Pflegeversicherung trägt.[76] Wie in Unterabschnitt 2.3 dargestellt, wird dieser Teil aber bis 2060 um bis zu ein Viertel schrumpfen.

Eine zuverlässige Vorausberechnung über die zukünftigen Erwerbspersonen ist aufgrund der unvorhersehbaren konjunkturellen Schwankungen nicht möglich. [77] Daher werden auf Grundlage eines Basisjahres, 2005, Quoten errechnet um die zukünftige Erwerbspersonenzahl zu berechnen.[78] Es werden drei Varianten berücksichtigt:[79]

- Die Status-Quo-Variante legt für die Berechnung lediglich die Daten aus der Bevölkerungsvorausberechnung zugrunde und schreibt die Bevölkerungszahl fort

- Die Primärvariante unterstellt steigende Erwerbsquoten durch einen früheren Einstieg von Männern und Frauen in das Berufsleben und einen späteren Renteneintritt

- Die Maximalvariante geht, im Gegensatz zur Primärvariante, von einer vollständigen Angleichung der Erwerbsbeteiligung von Männern und Frauen aus.

In Abb. 9 sind die drei Varianten dargestellt. Das Basisjahr ist für alle drei Varianten 2005 mit einer Erwerbspersonenzahl von 42,63 Millionen. In der Status-Quo-Variante fällt die Zahl zunächst auf 39,48 Mio. im Jahr 2020 und dann auf 35,02 Mio. im Jahr 2030, eine Abnahme von rund 18%. In der Primärvariante fällt die Erwerbspersonenzahl auf 37,70 Millionen, eine Abnahme von ca. 11,5%. Bei der

---

[76] vgl.: Velladics, K.; Generationenvertrag und demographischer Wandel; Konsequenzen des aktiven Alterns für den Arbeitsmarkt am Beispiel Deutschlands und Ungarns; Wiesbaden; 2004; S. 63

[77] vgl.: Statistische Ämter des Bundes und der Länder (Hrsg.) (I); Demografischer Wandel in Deutschland; a. a. O.; S. 6

[78] vgl.: ebenda

[79] vgl.: ebenda; S. 8 f.

Maximalvariante beträgt die Abnahme nur 4,5%, die Erwerbspersonenzahl fällt nur auf 40,71 Millionen. Die Maximalvariante beschreibt eine extreme Entwicklung, daher ist diese Variante lediglich als Idealtypus anzusehen.[80]

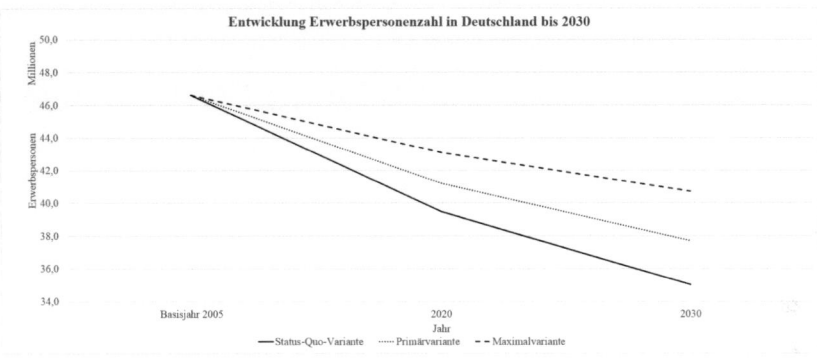

Abb. 9: Entwicklung der Erwerbspersonenzahl in Deutschland bis 2030[81]

Während die Erwerbspersonenzahl, also die Zahl der Leistungserbringer, sinken wird, wird die Zahl der Leistungsempfänger deutlich steigen, egal welche Variante eintreten wird. Die überwiegende Mehrheit der ökonomischen Untersuchungen geht dabei von der Primärvariante aus, bei der die Erwerbspersonenzahl um ca. 11,5% abnehmen wird. Um die entstehende Beitragslücke zu schließen wird das Rentenein-trittsalter weiter erhöht werden müssen, bis zum Jahr 2060 auf mindestens 69 Jahre, da mit steigender Lebenserwartung auch die Rentenbezugsdauer steigen wird.[82] Auch ein Herabsenken des Rentenniveaus muss hierbei in Betracht gezogen werden um die Finanzierung gewährleisten zu können.[83] Die private Altersvorsorge sowie das Betriebsrentensystem werden zur finanziellen Absicherung im Alter zudem an Bedeutung gewinnen.[84]

Im Gegensatz zur Entwicklung der Einnahmen und Ausgaben für die Rentenversi-cherung, die vorwiegend von der Bevölkerungsentwicklung abhängt, kann keine

[80] vgl.: Statistische Ämter des Bundes und der Länder (Hrsg.) (I); Demografischer Wandel in Deutschland; a. a. O.; S. 8
[81] eigene Darstellung in Anlehnung an ebenda; S. 10
[82] vgl.: Sachverständigenrat zur Begutachtung der gesamtwirtschaftlichen Entwicklung (Hrsg.); Herausforderungen des demografischen Wandels; a. a. O.; S. 3
[83] vgl.: Börsch-Supan, A.; Wilke, C. B.; Zur mittel- und langfristigen Entwicklung der Erwerbstätig-keit in Deutschland; a. a. O.; S. 39
[84] vgl.: Börsch-Supan, A.; Ökonomische Auswirkungen des demografischen Wandels; in: Aus Politik und Zeitgeschichte; 10-11/2011; S. 19-26; hier S. 25

zuverlässige Prognose zu der Entwicklung der Einnahmen und Ausgaben für die gesetzliche Krankenversicherung und die Pflegeversicherung getroffen werden, da die Ausgaben auch stark vom technischen Fortschritt in der Medizin abhängen.[85] Dennoch scheint es unvermeidlich zu sein, dass auch die Beitragssätze zur gesetzlichen Krankenversicherung und Pflegeversicherung steigen werden.[86]

Zuverlässige und belegbare Prognosen zum medizinischen Fortschritt sind zwar nicht möglich, aber auf Grundlage der Bevölkerungsvorausberechnung sind Prognosen zur Anzahl zukünftiger stationärer Krankenhausaufenthalte sowie zukünftiger Pflegefälle aufstellbar.[87] Unter Verwendung von zwei Szenarien, die sowohl die Obergrenze als auch die Untergrenze darstellen, ist bis 2030 mit einer Steigerung der Krankenhausaufenthalte von 13% bis zu 20% zu rechnen.[88] Die Untergrenze stellt dabei die Variante „Status-Quo" dar, die allein auf der Bevölkerungsvorausberechnung beruht und davon ausgeht, dass durch die alternde Bevölkerung und die steigende Lebenserwartung es keine Auswirkung auf die Anzahl der Krankenhausfälle gibt.[89] Die Obergrenze stellt die Variante „sinkende Behandlungsquoten" dar, die davon ausgeht, dass mit der Alterung der Bevölkerung die Zahl der Krankenhausaufenthalte in die höheren Altersgruppen verschoben wird.[90] Neben den Krankenhausfällen wird auch die Zahl der ambulanten Behandlungsfälle steigen aufgrund der Entwicklung der medizinischen Möglichkeiten aber auch weil immer mehr Patienten eine ambulante Behandlung wünschen.[91] Ebenso wird es einen Anstieg bei der Zahl der Pflegedienstleistungen geben. Unter Berücksichtigung der zwei Varianten, die wie bei den Krankenhausaufenthalten die Ober- und Untergrenze darstellen, ist mit einem Anstieg der Pflegebedürftigen bis 2030 von 80% bis zu 110% zu rechnen, sie werden sich also in etwa verdoppeln.[92] Die Gründe dafür liegen nicht allein in der steigenden Anzahl älterer Personen sondern auch zum großen Teil im Effekt, dass unter ande-

---

[85] vgl.: Sachverständigenrat zur Begutachtung der gesamtwirtschaftlichen Entwicklung (Hrsg.); Herausforderungen des demografischen Wandels; a. a. O.; S. 163 f.
[86] vgl.: ebenda
[87] vgl.: Böhm, K.; Demografischer Wandel als Chance für die Gesundheitswirtschaft; in: Bundesgesundheitsblatt; 53/2010; S. 460-473; hier S. 460
[88] eigene Berechnung in Anlehnung an Statistische Ämter des Bundes und der Länder (Hrsg.) (IV); Demografischer Wandel in Deutschland; Auswirkungen auf Krankenhausbehandlungen und Pflegebedürftige im Bund und in den Ländern, Wiesbaden; 2010; S. 13 ff.
[89] vgl.: ebenda; S. 10 f.
[90] vgl.: Statistische Ämter des Bundes und der Länder (Hrsg.) (IV); Demografischer Wandel in Deutschland; a. a. O.; S. 14
[91] vgl.: Böhm, K.; Demografischer Wandel als Chance für die Gesundheitswirtschaft; a. a. O.; S. 461
[92] eigene Berechnung in Anlehnung an Statistische Ämter des Bundes und der Länder (Hrsg.) (IV); Demografischer Wandel in Deutschland; a. a .O.; S. 26 ff.

rem die Zahl der kinderlosen Frauen steigt und somit weniger Pflege durch die Familie abgedeckt werden kann.[93] Nicht alle Effekte dieser Entwicklung sind negativ zu bewerten. Zwar werden voraussichtlich die Kosten im Gesundheitswesen insgesamt für die Bevölkerung steigen, aber es entstehen auch Chancen durch die vermehrte Nachfrage von Gesundheitsdienstleistungen und Gesundheitswaren.[94] Die erhöhte Nachfrage wird sich positiv auf die Erwerbstätigenzahlen im Gesundheitswesen auswirken, der Bedarf an Arbeitskräften in dieser personalintensiven Branche wird weiter steigen.[95] So stieg die Zahl der Beschäftigten im Gesundheitswesen insgesamt seit dem Jahr 2000 um mehr als 25%.[96] Des Weiteren wird diese Entwicklung sich auch auf die Produktivität auswirken, da die Menschen länger und effizienter arbeiten können als bisher.

Unter Berücksichtigung der zuvor beschriebenen rückläufigen Entwicklung der Erwerbspersonenzahl gilt es die ungenutzten Erwerbspotentiale genauer zu betrachten. Unter diese Potentiale fallen sowohl die bisher nicht erwerbstätigen Frauen als auch die nicht erwerbstätigen Personen über 55 Jahre. Aber auch nicht erwerbstätige Migranten können hierzugezählt werden. Als Vorbild für die Erwerbsbeteiligung von Frauen dienen die skandinavischen Länder, insbesondere Dänemark. Dänemark weist seit den Arbeitsmarktreformen in den 1990er Jahren eine deutlich höhere Quote von Frauen und Älteren bei der Erwerbsbeteiligung vor als Deutschland.[97] Würde die Erwerbsbeteiligungsquoten der Frauen und Älteren an dänische Verhältnisse angepasst, könnte die rückläufige Entwicklung der Erwerbspersonenzahl deutlich abgeschwächt werden.[98] Die Maßnahmen zur Reform der Agenda 2010 orientieren sich dabei stark an den Reformprozessen in Dänemark.[99] Daher ist in Deutschland der Trend zu beobachten, dass die Erwerbsquote von Frauen langsam ansteigt.[100] Als Gründe sind neben den verbesserten Betreuungsangeboten für Kinder, die Reduzierung des Elterngeldes sowie die Einführung von Lohnersatzleis-

---

[93] vgl.: Böhm, K.; Demografischer Wandel als Chance für die Gesundheitswirtschaft; a. a. O.; S. 464
[94] vgl.: ebenda; S. 460
[95] vgl.: ebenda; S. 467
[96] eigene Berechnung in Anlehnung an Statistisches Bundesamt (Hrsg.) (VII); Gesundheit; Personal 2000-2013; Wiesbaden; 2015; S. 72
[97] vgl.: Börsch-Supan, A.; Ökonomische Auswirkungen des demografischen Wandels; a. a. O.; S. 21
[98] vgl.: Börsch-Supan, A.; Wilke, C. B.; Zur mittel- und langfristigen Entwicklung der Erwerbstätigkeit in Deutschland; a. a. O.; S. 30
[99] vgl.: ebenda
[100] vgl.: Sachverständigenrat zur Begutachtung der gesamtwirtschaftlichen Entwicklung (Hrsg.); Herausforderungen des demografischen Wandels; a. a. O.; S. 93 f.

tungen für Mütter aber auch die steigende Kinderlosigkeit zu nennen.[101] Ebenfalls ist durch die Agenda 2010 ein Ansteigen der Erwerbsquote der über 55-jährigen zu beobachten, vor allem hervorgerufen durch die stufenweise Anhebung der Regelaltersrente auf 67 Jahre.[102] Neben den Frauen und Älteren bieten auch Migranten Potential, die Zahl der Erwerbstätigen zu erhöhen indem die Arbeitslosenquoten der Personen mit Migrationshintergrund gesenkt werden. Ein Trend zur steigenden Erwerbstätigenquote bei Migranten ist vor allem bei der Betrachtung über einen längeren Zeitraum zu erkennen, dort nimmt die Erwerbstätigenquote zu, was vor allem auf die Integration, durch Erlernen der Sprache, aber auch auf gezielte Qualifikationsmaßnahmen zurückzuführen ist.[103] Die oft vorherrschenden Klischees, dass Personen mit Migrationshintergrund deutlich mehr staatliche Leistungen in Anspruch nehmen als Personen ohne Migrationshintergrund, lassen sich nicht bestätigen, relativ gesehen ist der Anteil auf gleichem Niveau.[104] Die überwiegende Mehrheit der sozioökomischen Studien besagt sogar, dass die Personen mit Migrationshintergrund den deutschen Staatshaushalt eher entlasten, durch Steuern und Abgaben, als das sie den Staatshaushalt durch Inanspruchnahme von staatlichen Leistungen belasten.[105]

Ein nicht außerachtzulassendes Thema ist die Bildung. Sie trägt im hohen Maß zur Integration der Migranten sowohl in die Gesellschaft als auch auf den Arbeitsmarkt bei.[106] Insgesamt ist der Bildungsstand in Deutschland höher als im OECD-Durchschnitt.[107] In Deutschland weisen 60% der 24 bis 64-jährigen als Abschluss das Abitur, einen Lehr- bzw. Berufsfachschulabschluss vor, im OECD-Durchschnitt nur 44%.[108] Zwar weisen vergleichsweise nur 27% einen Hochschul- oder Fachschulabschluss vor, im OECD-Vergleich 36%, dafür ist die Quote der Geringqualifizierten mit 13% deutlich unter dem OECD-Durchschnitt.[109] Auch die Bildungsbeteiligung

---

[101] vgl.: ebenda
[102] vgl.: ebenda
[103] vgl.: Sachverständigenrat deutscher Stiftungen für Integration und Migration (Hrsg.); Unter Einwanderungsländern: Deutschland im internationalen Vergleich; a. a. O.; S. 106
[104] vgl.: ebenda; S. 107 ff.
[105] vgl.: ebenda
[106] vgl.: Autorengruppe Bildungsberichterstattung (Hrsg.); Bildung in Deutschland 2014; Ein indikatorengestützter Bericht mit einer Analyse zur Bildung von Menschen mit Behinderungen, Bielefeld; 2014; S. 38 f.
[107] vgl.: Statistische Ämter des Bundes und der Länder (Hrsg.) (III); Internationale Bildungsindikatoren im Ländervergleich; Wiesbaden; 2015; S. 8
[108] vgl.: ebenda
[109] vgl.: ebenda

der noch nicht schulpflichtigen Kinder liegt weit über dem OECD-Durchschnitt und erfüllt heute schon die Zielwerte der Europa-2020-Agenda, die vorgibt, dass mind. 95% der noch nicht schulpflichtigen Kinder sich an frühkindlicher Bildung beteiligen sollen.[110] Zwar liegen die Gesamtausgaben je Schüler/Studierenden in Deutschland mit 8.900€ über dem OECD-Durchschnitt, im Vergleich der Ausgaben gemessen am Bruttoinlandsprodukt (BIP) liegt Deutschland mit 2,9% aber deutlich unter dem OECD-Schnitt mit 3,5%.[111] Bei den Bildungsbeteiligungsquoten herrschen kaum Unterschiede zwischen Migranten und Personen ohne Migrationshintergrund in Deutschland, lediglich bei der Art der besuchten Bildungseinrichtungen gibt es Unterschiede.[112] So besuchten 8,4% der 16 bis unter 30-jährigen mit Migrationshintergrund 2012 die Sekundarstufe I, der Anteil derer ohne Migrationshintergrund lag bei 5,4%, aber nur 13,7% der Personen mit Migrationshintergrund waren an einer Hochschule immatrikuliert, wohingegen 15,8% der Personen der 16- bis unter 30-jährigen ohne Migrationshintergrund immatrikuliert waren.[113] Dennoch ist davon auszugehen, dass sich diese Werte weiterhin stärker angleichen und insgesamt gesehen die Personen mit Migrationshintergrund aufgrund des deutschen Bildungssystems einen hohen Bildungsstand aufweisen.[114] Bei den hohen Zuwanderungszahlen gilt es, weiterhin in die Bildung zu investieren und diese Investitionen zu steigern. Zwar werden die Schülerzahlen insgesamt sinken, aber der Bedarf an hochqualifizierten Arbeitskräften wird steigen.[115] Damit kann zum einen die Integration der Migranten gefördert und zum anderen die Nachfrage nach hochqualifizierten Arbeitnehmern nachgekommen werden.[116]

Wie in Abschnitt 2.3 dargestellt wird die Bevölkerungszahl insgesamt erst ab dem Jahr 2020 langsam sinken, die Zahl der Erwerbstätigen in der Bevölkerung sinkt aber schon heute. Somit wird es weiterhin eine große Anzahl an Konsumenten geben aber immer weniger Erwerbstätige, die diese Produkte, Güter und Dienstleistungen bereitstellen können. Dies hat zur Folge, dass das Bruttoinlandsprodukt (BIP), ein

---

[110] vgl.: ebenda; S. 9
[111] vgl.: ebenda
[112] vgl.: Autorengruppe Bildungsberichterstattung (Hrsg.); Bildung in Deutschland 2014; a. a. O.; S. 38 ff.
[113] vgl.: ebenda
[114] vgl.: ebenda
[115] vgl.: Sachverständigenrat zur Begutachtung der gesamtwirtschaftlichen Entwicklung (Hrsg.); Herausforderungen des demografischen Wandels; a. a. O.; S. 97
[116] vgl.: Fuchs, J.; Demografie und Fachkräftemangel; a. a. O.; S. 402

Gradmesser für das Wirtschaftswachstum, sinken wird.[117] Um die insgesamt steigende Konsumnachfrage, da zukünftige Rentnergenerationen ein höheres Konsumniveau aufweisen werden als die heutige, nachkommen zu können, wird es zu einem Anstieg der Importe aus dem Ausland kommen müssen, was zu einer negativen Entwicklung des Zahlungsbilanzgleichgewichts führen wird.[118] Alternativ müsste die Arbeitsproduktivität steigen.[119]

Einige Prognosen gehen davon aus, dass es mit dem Renteneintritt der Babyboomer-Generation zu einem „asset meltdown" kommen wird. Die von den Ökonomen N. Gregory Mankiw und David Weil aufgestellte Hypothese besagt, dass die Menschen in jungen Jahren während der Erwerbstätigkeit Sparrücklagen für die spätere Altersversorgung bilden, die dann mit dem Renteneintritt aufgelöst werden.[120] Da die Babyboomer die zahlenmäßig größte Generation ist, würde es nicht genügend Käufer für die zum Verkauf stehenden Wertpapiere geben, was zu einem massiven Kursverfall führen würde.[121] Da die Babyboomer aber nicht alle zum gleichen Zeitpunkt in Rente gehen und diese Rücklagen nicht alle zur gleichen Zeit aufgelöst werden, ist mit einem so dramatischen Verlauf nicht zu rechnen.[122] Ebenso ist damit zu rechnen, dass dennoch weiterhin gespart werde und es lediglich zu einer Vermögensumschichtung hin zu risikoärmeren Anlagen stattfinden wird.[123]

2.4.2 Auswirkungen für Unternehmen

Einhergehend mit dem demographischen Wandel wird fast immer der Begriff Fachkräftemangel genannt. Wie im vorherigen Abschnitt beschrieben wird die Erwerbspersonenzahl in Deutschland abnehmen, was aber nicht zwangsläufig bedeutet, dass dadurch ein Fachkräftemangel auftreten muss. Allein die Zuwande-

---

[117] vgl.: Börsch-Supan, A.; Ökonomische Auswirkungen des demografischen Wandels; a. a. O.; S. 22
[118] vgl.: Börsch-Supan, A.; Gesamtwirtschaftliche Folgen des demographischen Wandels; in: Börsch-Supan, A. et al. (Hrsg.); Altern in Deutschland; Produktivität in alternden Gesellschaften; Halle; 2009; S. 21-41; hier S. 22 f.
[119] vgl.: ebenda
[120] vgl.: Baade, D.; Demographischer Wandel und internationale Wettbewerbsfähigkeit Deutschland; Eine Analyse basierend auf Porters Ansatz; Wiesbaden; 2007; S. 124
[121] vgl.: ebenda
[122] vgl.: Börsch-Supan, A.; Ludwig, A.; Sommer, M.; Demographie und Kapitalmärkte; Die Auswirkungen der Bevölkerungsalterung auf Aktien-, Renten- und Immobilienvermögen; Köln; 2003; S. 31 ff.
[123] vgl.: ebenda; S. 66 f.

rung kann dazu beitragen, die Nachfrage an entsprechend qualifizierten Arbeitnehmern zwar nicht in Gänze, aber im erheblichen Maße zu decken.[124]

Bei der Betrachtung der Wirtschaftssektoren[125] fällt aus, dass der primäre Sektor seit 1960 um ca. 70% geschrumpft ist, der sekundäre Sektor um ca. 5% und lediglich der tertiäre Sektor gewachsen ist, um ca. 40%.[126] Deutschland hat sich und wird sich immer mehr zu einem Dienstleistungsland entwickeln was unmittelbare Auswirkungen auf den Arbeitsmarkt haben wird. So wird es in der Land- und Forstwirtschaft, der Fischerei, dem Bergbau und dem verarbeitenden Gewerbe den größten Abbau an Beschäftigten geben.[127] Die größten Zugewinne bei den Beschäftigungszahlen wird es im Gesundheits- und Sozialwesen und den unternehmerischen Dienstleistern, z. B. Steuerberatung und Wirtschaftsprüfung sowie Softwareberatung, geben.[128] Die Gründe für den starken Abbau gerade im verarbeitenden Gewerbe liegen in der Zunahme der Ausgliederung von Produktionsprozessen aber auch in dem Projekt Industrie 4.0.[129] Zwar fehlen schon heute Arbeitskräfte gerade im Bereich Gesundheits- und Sozialwesen, speziell im Bereich Pflege, und der Bedarf an Arbeitskräften wird, wie im vorangegangenen Unterabschnitt noch steigen, aber es wird nicht mit einem generellen Fachkräftemangel zu rechnen sein, da vorhandene, in 2.4.1. erwähnte, ungenutzte Erwerbspotentiale noch auszuschöpfen sind. Vielmehr wird eine berufsspezifische bzw. branchenspezifische Arbeitskräftenachfrage vorliegen.[130] So ist, wie zuvor beschrieben, die Zahl der Beschäftigten im Gesundheits- und Sozialwesen seit dem Jahr 2000 um mehr als 25% gestiegen, die Zahl der Beschäf-

---

[124] vgl.: Brussig, M.; Demografischer Wandel, Alterung und Arbeitsmarkt in Deutschland; in: Kölner Zeitschrift für Soziologie und Sozialpsychologie; 1/2015 Ergänzung; S. 295-324; hier S. 306

[125] *Wirtschaftssektoren nach Gablers Wirtschaftslexikon: Primärer Sektor (Land- und Forstwirtschaft, Fischerei); Sekundärer Sektor (Waren produzierendes Gewerbe); tertiärer Sektor (z. B. Handel, Verkehr, Dienstleistungen und weitere)* vgl.: http://wirtschaftslexikon.gabler.de/Archiv/58466/sektoren-der-volkswirtschaft-v6.html (Stand: 03.12.2015)

[126] eigene Berechnung in Anlehnung an Statistisches Bundesamt (Hrsg.) (V); Mikrozensus; a. a. O.; S. 39 f.

[127] vgl.: Hummel, M.; Thein, A.; Zika, G.; Der Arbeitskräftebedarf nach Wirtschaftszeigen, Berufen und Qualifikationen bis 2025; Modellrechnungen des IAB; in: Helmrich, R.; Zika, G. (Hrsg.); Beruf und Qualifikation in der Zukunft; BIBB-IAB-Modellrechnungen zu den Entwicklungen in Berufsfeldern und Qualifikationen bis 2025; Bielefeld; 2010; S. 81-102; hier S. 87 f.

[128] vgl.: ebenda

[129] vgl.: ebenda

[130] vgl.: Weimer, S.; Mendius, H.; Kistler, E.; Demographischer Wandel und Zukunft der Erwerbsarbeit am Standort Deutschland; in: Bullinger, H.-J. (Hrsg.); Zukunft der Arbeit in einer alternden Gesellschaft; Stuttgart; 2001; S. 25-31; hier S. 26 f.

tigten in Landwirtschaftlichen Betrieben ist hingegen im gleichen Zeitraum um fast 50% gesunken.[131]

Ein weiterer häufig diskutierter Punkt ist die Produktivität bei älteren Mitarbeitern. Ohne Berücksichtigung der sich ändernden Wirtschaftssektoren wäre es die einfachste Lösung den Rückgang der Anzahl an Erwerbstätigen lediglich durch eine höhere Produktivität der verbleibenden Erwerbstätigen auszugleichen. Häufig wird aber behauptet, dass mit steigendem Alter die Produktivität abnehmen wird. In einer Studie von Börsch-Supan, Düzgün und Weiss wurden bei einem Automobilhersteller 100 Arbeitsgruppen mit jeweils zehn bis 15 Mitarbeitern über 500 Tage beobachtet und die Fehlerraten dieser Gruppen analysiert.[132] Das Ergebnis war, dass die Arbeitsproduktivität mit steigendem Alter abnimmt.[133] Bei Betrachtung der durchschnittlichen Erfahrung der Arbeitsgruppen zeigt sich hingegen eine steigende Produktivität mit zunehmenden Alter.[134] Bei Berücksichtigung des Gesamteffekts, also des Alterseffekt und des Erfahrungseffektes, waren die Arbeitsgruppen in jedem Durchschnittsalter im gleichen Maß produktiv.[135] Somit kann also nicht von einer generellen Abnahme der Produktivität bei älteren Mitarbeitern ausgegangen werden, vielmehr kann die über die Jahre gesammelte Erfahrung z. B. körperliche Defizite ausgleichen.

2.4.3 Sonstige Auswirkungen

Aus politischer Sicht wird die Befürchtung geäußert, in Deutschland könnte sich eine Gerontokratie entwickeln.[136] Das bedeutet, der immer größer werdende Teil der älteren Bevölkerung wird versuchen seine Mehrheit demokratisch auszunutzen, um sich Vorteile gegenüber den jüngeren Teil der Bevölkerung zu verschaffen, zum Beispiel um Forderungen zu höheren Renten zu stellen.[137] Dies würde unmittelbare Folgen für die Zukunftsfähigkeit Deutschlands, bezogen auf die wirtschaftliche

---

[131] vgl.: eigene Berechnung in Anlehnung an Statistisches Bundesamt (Hrsg.) (VIII); Land- und Forstwirtschaft, Fischerei; Arbeitskräfte Agrarstrukturerhebung 2013; Wiesbaden; 2014; S. 437
[132] vgl.: Börsch-Supan, A.; Düzgün, I.; Weiss, M.; Alter und Produktivität – eine neue Sichtweise; in: Börsch-Supan, A. et al. (Hrsg.); Altern in Deutschland; Produktivität in alternden Gesellschaften; Halle; 2009; S. 53-62; S. 57 ff.
[133] vgl.: ebenda
[134] vgl.: ebenda
[135] vgl.: ebenda
[136] vgl.: Sinn, H.-W.; Übelmesser, S.; Pensions and the path to gerontocracy in Germany; in: European Journal of Political Economy; 19/2002; S. 153-158; hier S. 154
[137] vgl.: ebenda; S. 157

Entwicklung aber auch auf das politische System haben.[138] Statt zukunftsorientiert zu handeln und Investitionen zu tätigen würde allein auf das Hier und Jetzt geschaut.[139] Begründet wird diese Befürchtung mit dem höheren Interesse älterer an der Politik und der stärkeren Beteiligung an Wahlen.[140] Aber Studien zeigen, dass es keinen belegbaren Zusammenhang zwischen dem Alter und der politischen Ausrichtung gibt, vielmehr bleibt der Großteil der Wähler seinem Wahlverhalten über die Jahre treu.[141] Ebenso gibt es keine höhere aktive Beteiligung von älteren in der Politik selbst und es bestünde die Möglichkeit, z. B. durch Altersgrenzen oder Beschränkungen der Amtszeit, den politischen Einfluss der Älteren zu beschränken.[142]

Die sich ändernde Bevölkerungsstruktur wirkt sich auch auf die Haushalte und damit auf die Wohnsituation in Deutschland aus. Die Anzahl der 3- oder Mehr-Personenhaushalte sinkt, wohingegen die Anzahl der 1-Personen- und 2-Personenhaushalte steigt, was zur Folge hat, dass die Anzahl der Gesamthaushalte auch steigt.[143] Die Gründe sind neben den niedrigen Geburtenraten und damit einhergehend kleineren Familien auch in der Tatsache, dass ältere Menschen auch nach Auszug der Kinder in den Wohnungen wohnhaft bleiben um ihre gewohnte Lebenssituation beizubehalten.[144] Die Ergebnisse von Studien bezüglich des Wohnraumbedarfs fallen unterschiedlich aus, da mit unterschiedlichen Annahmen gerechnet werden, zusammenfassend kann aber die Annahme getroffen werden, dass der Wohnraumbedarf bis 2025 noch um ca. 6% steigt, wobei es starke regionale Unterschiede im Vergleich von West- und Ostdeutschland gibt.[145] Langfristig gesehen wird die sich die Bevölkerungszahl in Ostdeutschland stärker und schneller zurückentwickeln, vor allem aus den ländlichen Gebieten findet eine starke Abwanderung

---

[138] vgl.: Streeck, W.; Politik in einer alternden Gesellschaft; Vom Generationenvertrag zum Generationenkonflikt?; in: Die Zukunft des Alterns; Die Antwort der Wissenschaft; in: Gruss, P.; (Hrsg.) Die Zukunft des Alterns; Die Antwort der Wissenschaft; München; 2007; S. 279-304; hier S. 282
[139] vgl.: ebenda
[140] vgl.: Kaufmann, F.-X.; Altern der Bevölkerung und gesellschaftliche Dynamik; in: Börsch-Supan, A. et al. (Hrsg.); Altern in Deutschland; Produktivität in alternden Gesellschaften; Halle; 2009; S. 91-103; hier S. 95
[141] vgl.: ebenda; S. 96 f.
[142] vgl.: ebenda
[143] vgl.: Destatis; hier: https://www.destatis.de/DE/ZahlenFakten/GesellschaftStaat/Bevoelkerung/HaushalteFamilien/Tabellen/Haushaltsgroesse.html (Stand: 02.12.2015)
[144] vgl.: Walter, N.; Europa schrumpft und altert – oder besser: Hurra, wir werden älter; in: Göke, M.; Heupel, Th. (Hrsg.); Wirtschaftliche Implikationen des demografischen Wandels; Herausforderungen und Lösungsansätze; Wiesbaden; 2013; S. 1-17; hier S. 5 f.
[145] vgl.: Sachverständigenrat zur Begutachtung der gesamtwirtschaftlichen Entwicklung (Hrsg.); Herausforderungen des demografischen Wandels; a. a. O.; S. 68 ff.

statt.[146] Vor allem die westdeutschen Städte haben durch die Zuwanderung noch wachsen können, dieser Trend hält aber nur kurzfristig an und wird sich zunehmend konzentrieren.[147] Wirtschaftliche schwache Regionen, darunter zählen auf lange Sicht gesehen z. B. das Ruhrgebiet und das Saarland, werden die Bevölkerungsabwanderung zu spüren bekommen.[148] Insgesamt wird es zu einer Reurbanisierung, immer mehr Menschen ziehen von ländlichen Regionen in die Städte bzw. ins Stadtumland, kommen.[149] Die Gründe liegen zum einen in der Arbeitsplatzwahl der erwerbstätigen Bevölkerung, aber auch in besseren Erreichbarkeit benötigter Dienstleistungen für die ältere Bevölkerung, z. B. die ärztliche Versorgung.[150]

---

[146] vgl.: Gatzweiler, H.-P.; Maretzke, S.; Städte im demographischen Wandel – Stadtentwicklung zwischen Sub- und Reurbanisierung, Wachstum und Schrumpfung; in: Maretzke, S. (Hrsg.); Städte im demografischen Wandel; Wesentliche Strukturen und Trends des demografischen Wandels in den Städten Deutschlands; Wiesbaden, 2008; S. 17-29; hier S. 18 f.

[147] vgl.: ebenda; S. 25 f.

[148] vgl.: Kröhnert, S.; van Olst, N.; Klingholz, R.; Deutschland 2020; Die demografische Zukunft der Nation; Berlin; 2004; S. 17

[149] vgl.: Köppen, B.; Reurbanisierung als Hoffnung der Städte im demographischen Wandel?; in: Maretzke, S. (Hrsg.); Städte im demografischen Wandel; Wesentliche Strukturen und Trends des demografischen Wandels in den Städten Deutschlands; Wiesbaden, 2008; S. 31-40; hier S. 33 f.

[150] vgl.: ebenda; S: 32

3   Lösungsansätze

„Wer weiß, wie dem demographischen Wandel erfolgreich zu begegnen ist, den beglückwünsche ich."[151] Dieses mittlerweile zehn Jahre alte Zitat von Angela Merkel von der Bundespressekonferenz am 20. August 2006 zeigt, dass es selbst in der Politik nicht die eine Lösung zur Bewältigung der Probleme gibt, die der demographische Wandel mit sich führt. Vielmehr gilt es, zielgerichtet einzelne Maßnahmen zu ergreifen um den Auswirkungen entgegenzutreten, da der demographische Wandel ein Prozess ist, der sich nicht mehr umkehren lässt. Theoretische Ansätze, Expertenmeinungen und praktische Lösungsversuche sind vielfach vorhanden, jedoch muss unterschieden werden, in welchen Bereichen diese Lösungsvorschläge umgesetzt und durch wen hervorgebracht werden sollen, in und durch die Politik, in und durch die Wirtschaft bzw. die Unternehmen, bei und oder durch die Bürger selbst. Außerdem bedarf es einer Differenzierung ob die Lösungsansätze die Folgen des demografischen Wandels direkt entgegenwirken oder ob die Folgen akzeptiert werden und aus ihnen das höchstmögliche Potential zu schöpfen.

Im ersten Unterabschnitt werden allgemeine Lösungsansätze dargestellt, die teilweise schon bei den Erläuterungen der Auswirkungen des demographischen Wandels angedeutet wurden. Der Schwerpunkt dieses Kapitels liegt auf dem zweiten Unterabschnitt, dem Diversity Management.

3.1   Allgemeine Lösungsansätze

Um überhaupt Strategien gegen die Auswirkungen des demographischen Wandels erfolgreich umsetzen zu können, muss der Begriff „Demographischer Wandel" in der Bevölkerung bekannt sein. Laut einer Forsa Umfrage aus dem Jahr 2003 haben 52% der Deutschen und laut einer Umfrage aus dem Jahr 2007 haben 54% der 15 – 25-Jährigen den Begriff noch nie zuvor gehört.[152] Bei der im Kapitel 4 dieser Arbeit beschriebenen Umfrage gaben immerhin mehr als 80% der Unternehmen an, dass mögliche Auswirkungen des demographischen Wandels auf ihr Unternehmen

---

[151]   vgl.: http://www.sueddeutsche.de/politik/merkel-auftritt-in-berlin-gut-durchlueftet-und-locker-gelandet-1.887542 (Stand: 22.12.2015)

[152]   vgl.: Bundesministerium für Familie, Senioren, Frauen und Jugend (Hrsg.); Demografischer Wandel; Ergebnis einer Repräsentativbefragung der bis 25-jährigen Bevölkerung in Deutschland, Januar 2007; Berlin; 2007; S. 6 f.

bekannt seien, was auf einen höheren Kenntnisstand in den Unternehmen schließen lässt.[153]

Durch die verstärkte Zunahme der Urbanisierung und dem Schrumpfen der vorwiegend ostdeutschen Städte bedarf es einer genauen und auf langfristige Sicht ausgelegten Stadtentwicklungsplanung.[154] Es erscheint sinnvoll, strukturell schwache Regionen, die bisher auch nur durch staatliche Subventionen aufrechterhalten werden konnten, gezielt schrumpfen zu lassen oder sogar ganz zurückzubauen.[155] Damit einhergehend scheint auch eine erneute Diskussion über die Notwendigkeit der Föderalismusreform notwendig, also die Neuordnung und Zusammenlegung von Bundesländern, da die kleinsten Bundesländer schon heute die größten Schuldenstände aufweisen und eine Zusammenlegung von Bundesländern ein Zuwachs an Effizienz mit sich bringen kann.[156]

Unter den politischen Maßnahmen fällt die bereits erwähnte Anwerbung von Fachkräften in den 1960er Jahren.[157] Diese Anwerbung war vor allem daher so hoch angesehen und akzeptiert, da die Arbeitserlaubnis nur jeweils für ein oder zwei Jahre gültig war und somit ein ständiger Austausch an Arbeitskräften stattfand.[158] Vor der Ölkrise 1973 und auch besonders danach wurden die Bedingungen für Unternehmen, die ausländische Arbeitskräfte anwerben wollten, drastisch verschärft, sodass aufgrund der folgenden Rezession sogar ein Anwerbestopp seitens der Politik ausgesprochen wurde.[159] Dieses Konzept war zum einen sehr effektiv, da schnell benötigte Arbeitskräfte nach Deutschland geholt werden konnten und dazu steuerbar, sodass nicht unkontrolliert die Zuwanderung gestiegen ist, obwohl kein Bedarf mehr herrschte.

Durch das vom 14. August 2006 erlassene Allgemeine Gleichbehandlungsgesetz (AGG) wurden zum ersten Mal juristisch auch arbeitsrechtliche Bedingungen geschaffen die verhindern sollen, dass ein Arbeitnehmer, oder ein Bewerber, auf-

---

[153] vgl.: Anhang Nr. III; Tab. 7: Auswirkungen des demographischen Wandels I
[154] vgl.: Köppen, B.; Reurbanisierung als Hoffnung der Städte im demographischen Wandel?; a. a. O.; S. 33
[155] vgl.: Kröhnert, S.; van Olst, N.; Klingholz, R.; Deutschland 2020; a. a. O.; S. 92
[156] vgl.: ebenda; S. 93
[157] vgl.: Münz, R.; Seifert, W.; Ulrich, R.; Zuwanderung nach Deutschland; a. a. O.; S. 46 f.
[158] vgl.: ebenda; S. 48 f.
[159] vgl.: ebenda

grund seiner Herkunft, seines Geschlechts, seines Glaubens, seiner körperlichen Fähigkeiten, seines Alters oder seiner sexuellen Orientierung benachteiligt wird.

Die Bundesregierung hat im Oktober 2012 sowie im Mai 2013 jeweils einen Demografiegipfel" abgehalten.[160] Dabei wurde im Oktober 2012 vereinbart, dass sowohl Vertreter der Politik als auch Vertreter der Sozialpartner, Verbände, Wirtschaft, Wissenschaft und Zivilgesellschaft in enger Zusammenarbeit an Lösungen gegen die Auswirkungen des demographischen Wandels arbeiten sollen und werden.[161] Aufgrund der Komplexität und der Tatsache, dass es sich beim demographischen Wandel um einen langfristigen Prozess handelt, wurden zwar erste Lösungsansätze erarbeitet aber noch nicht alle Themenschwerpunkte vollständig bearbeitet.[162] Der Schwerpunkt liegt dabei auf den Themen Familie, Bildung, nachhaltige regionale Wirtschaftsförderung, Fachkräftemobilisierung und Migration.[163]

Insgesamt bedarf es einer familienfreundlicheren Politik. Es müssen mehr Anreize geschaffen werden, damit die Geburtenzahlen steigen aber auch die Förderung des Nachwuchses, die Vereinbarkeit von Familie und Beruf, gerade für Frauen, sowie die Integration der Migranten dürfen nicht vernachlässigt werden.[164]

3.2 Diversity Management

Um das Konzept des Diversity Management zu verstehen bedarf es zunächst einer Definition. Der englische Begriff „Diversity" stammt vom lateinischen „diversitas" und bedeutet „Verschiedenheit" oder „Unterschied". „Management" stammt vom englischen „to manage" und bedeutet „leiten", „verwalten" oder „führen". Diversity Management bedeutet also wörtlich übersetzt „die Führung der Vielfalt". Eine eindeutige Definition der Vielfalt in dieser Betrachtung gibt es aber nicht. Marilyn Loden und Judy B. Rosener stellen bei der Definition von Vielfalt lediglich die Unterschiede eines Menschen in den Mittelpunkt.[165] Für R. Roosevelt Thomas Jr. sind neben den Unterschieden aber auch die Gemeinsamkeiten eines Menschen

---

[160] vgl.: Bundesministerium des Inneren; Jedes Alter zählt; Zweiter Demografiegipfel der Bundesregierung am 14. Mai 2013; Berlin; 2013; S. 5
[161] vgl.: Bundesministerium des Inneren; Jedes Alter zählt; a. a. O.; S. 5
[162] vgl.: ebenda
[163] vgl.: ebenda
[164] vgl.: Kröhnert, S.; van Olst, N.; Klingholz, R.; Deutschland 2020; a. a. O.; S. 95
[165] vgl.: Loden, M.; Rosener, J. B.; Workforce America! Managing Employee Diversity as a Vital Resource; New York; 1991; S. 18

relevant.[166] Zwar gibt es keine eindeutige und einheitliche Definition von Diversity Management, aber es scheint sinnvoll zu sein, die These von Thomas Jr. als Grundlage heranzuziehen, da nach Taylor H. Cox Jr. die Identitätsstrukturen, z. B. Geschlecht oder Herkunft, in unterschiedlicher Weise profiliert sein können.[167]

Es wird angenommen, dass in nahezu allen Organisationsformen dominante Gruppen vorzufinden sind.[168] Am Beispiel für ein deutsches Unternehmen wären das verheiratete, männliche Arbeitnehmer mittleren Alters, die zum maßgeblichen Teil die Organisationskultur durch ihre Werte, Normen und Regeln prägen.[169] Alle anderen Arbeitnehmer im Unternehmen, Frauen, jüngere und ältere Arbeitnehmer, Arbeitnehmer mit Migrationshintergrund und Behinderte, weichen von dieser Norm ab und ihnen stehen somit nicht die gleichen Chancen bei der beruflichen Perspektive zur Verfügung, bezogen auf Entlohnung und Aufstiegsmöglichkeiten.[170] Genau an diesem Punkt setzt das Diversity Management an, indem es die Grundlage bildet um die Organisationskultur mit einer multikulturellen Charakteristik zu bereichern.[171]

Unter Diversity Management, oder auch Managing Diversity, ist somit die Beachtung, Akzeptanz und Toleranz sowie die Förderung und Verwertung der Vielfalt des Menschen, im Unternehmen des Mitarbeiters, bei der Aufstellung der internen und externen Unternehmensstrategien zu verstehen.[172] Die externe Ausrichtung ist auf die Absatz- und Beschaffungsmaßnahmen im Unternehmen konzentriert, auch Diversity Marketing genannt.[173] Die interne Ausrichtung ist auf die Wirtschaftlichkeit und Mitarbeiterkompetenz gerichtet, das eigentliche Diversity Management.[174] Dabei ist das Diversity Management als Prozess zu sehen, dass in der Unternehmensstrategie verankert ist um zum einen intern im Unternehmen positive Effekte durch die Berücksichtigung der Vielfalt zu generieren und zum anderen die gesellschaftliche

---

[166] vgl.: Thomas Jr., R. R..; Redefining Diversity; New York; 1996; S. 5
[167] vgl.: Cox Jr., T. H.; Cultural Diversity in Organizations; Theory, Research and Practice; San Francisco; 1994; S. 43 ff.
[168] vgl.: Krell, G.; Managing Diversity; Chancengleichheit als Wettbewerbsfaktor; in Krell, G. (Hrsg.); Chancengleichheit durch Personalpolitik; Gleichstellung von Frauen und Männern in Unternehmen und Verwaltungen. Rechtliche Regelungen – Problemanalysen – Lösungen; 4. Aufl. 2004; S. 41-57; hier S. 44
[169] vgl.: ebenda
[170] vgl.: ebenda
[171] vgl.: ebenda; S. 51
[172] vgl.: Elderhorst, M.; Diversity Management und Demographie; in: Arbeit und Arbeitsrecht; 03/2005; S. 160-163; hier S. 160
[173] vgl.: ebenda
[174] vgl.: ebenda

Vielfalt des Unternehmens extern am Markt zu repräsentieren.[175] Die Vielfalt des Menschen beschreibt dabei die Unterschiede in Bezug auf das Geschlecht, das Alter, die sexuelle Orientierung, die physischen Fähigkeiten, die Ethnie und den Glauben, im weiteren als innere Dimensionen bezeichnet, und vieler anderer Aspekte.[176] Es scheint daher prädestiniert zu sein, den Auswirkungen des demographischen Wandels in den Unternehmen entgegenzuwirken, da es sowohl für eine stärkere Einbindung von älteren Arbeitnehmern steht, als auch für die Einsetzung der ungenutzten Erwerbspotentiale sowie die Integration von Migranten.

Seinen Ursprung hat das Diversity Management in den Bürgerrechtsbewegungen der Vereinigten Staaten von Amerika (USA) in den 1950er, 1960er und 1970er Jahren.[177] Aus sozialen Protesten, unterstützt vor allem durch Rosa Parks und Dr. Martin Luther King jr., entwickelten sich Organisationen, die sich gegen die Diskriminierung von Minderheiten oder bisher unterdrückten Gruppierungen einsetzten, z. B. für mehr Rechte von Frauen, amerikanischen Ureinwohnern, älteren Mitbürgern sowie Homosexueller.[178] Aufgrund des stärker werdenden Drucks aus der Bevölkerung wurden die ersten Gesetze zur Gleichbehandlung von Menschen unterschiedlicher Rasse, Hautfarbe, Religion, Geschlecht oder Herkunft ab Mitte der 1960er Jahre erlassen sowie das Gesetz zur Lohngleichheit, das Gesetz gegen Altersdiskriminierung und das Schwerbehindertengesetz.[179] Außerdem wurde die Kommission gegen Diskriminierung in Beschäftigung und Beruf gegründet, die über die Einhaltung dieser Gesetze Aufsicht führt.[180]

Durch den Amsterdamer Vertrag, ein Vertrag zur Änderung des Vertrags über die Europäische Union, erlangte das Diversity Management in Europa und in Deutschland größere Aufmerksamkeit.[181] Auffallend ist aber auch, dass die ersten Unternehmen, die ein Diversity Management umgesetzt haben, international tätig waren bzw.

---

[175] vgl.: Jablonski, H.; Diversity Management; Unternehmen entdecken die Vielfalt; in: Arbeit und Arbeitsrecht; 01/2008; S. 30-32; hier: S. 30
[176] vgl.: ebenda
[177] vgl.: Vedder, G.; Die historische Entwicklung von Diversity Management in den USA und in Deutschland; in: Krell, G.; Wächter, H. (Hrsg.); Diversity Management; Impulse aus der Personalforschung; München; Mering; 2006; S. 1-23; hier S. 3 ff.
[178] vgl.: ebenda
[179] vgl.: ebenda
[180] vgl.: ebenda
[181] vgl.: Franken, S.; Personal: Diversity Management; Wiesbaden; 2015; S. 39

zu einem in den USA ansässigen Konzern gehören.[182] Aber auch nationale Gesetze zur Gleichbehandlung bzw. gegen Diskriminierung fördern das Diversity Management bis heute, da Unternehmen in der Umsetzung dieser Gesetze Chancen sehen positive Effekte aus dem Diversity Management auf ihr Unternehmen zu übertragen.[183] Die Bereitschaft für die Umsetzung liegen also zum einem im politischen Zwang zur Gleichbehandlung aber auch in der aus den USA übertragenden Unternehmensstrategie bzw. in der international wahrgenommenen Außendarstellung des Unternehmens.

3.2.1 Diversity Dimensionen und Diversity Instrumente

Lee Gardenswartz und Anita Rowe haben die in Abb. 10 dargestellten vier Dimensionen von Diversity aufgestellt.

Abb. 10: „Four Layers of Diversity"[184]

---

[182] vgl.: Süß, S.; Quo vadis Diversity Management; Legitimationsfassade oder professionelles Management personeller Vielfalt?; in: Zeitschrift für Management; 05/2010; S. 283-304; hier S. 286
[183] vgl.: Jablonski, H.; Diversity Management; a. a. O.; S. 31
[184] eigene Darstellung in Anlehnung an Gardenswartz, L.; Rowe, A.; Diverse Teams at Work; Capitalizing on the Power of Diversity; Alexandria; 2003; S. 33

Im Mittelpunkt steht die Persönlichkeit. Die Innere Dimension wird durch das Alter, das Geschlecht, die sexuelle Orientierung, physische Fähigkeiten, die ethnische Herkunft sowie die Religion beschrieben und ist eng mit der Persönlichkeit verbunden. Diese Faktoren werden als angeboren bzw. frühzeitig erworben angesehen, sind teilweise voneinander abhängig und verändern sich im Laufe des Lebens nicht bzw. kaum.[185] Zu der äußeren Dimension gehören Werte die erst im Laufe des Lebens erworben werden, z. B. durch die Erziehung, durch die schulische, berufliche oder akademische Ausbildung oder durch das Sozialverhalten und können sich mit der Zeit ändern.[186] Die Werte der organisationalen Dimension werden erst durch die Mitgliedschaft in einer Organisation, einem Unternehmen, erworben, sind von ihr abhängig und verändern sich beim Wechsel der Organisation.[187] Die Maßnahmen des Diversity Management beziehen sich dabei auf die Innere Dimension.

In fast allen personalpolitischen Maßnahmen oder Konzepten steht die Personalerhaltung des Mitarbeiters im Mittelpunkt.[188] Durch Anpassung der Arbeitsplätze für ältere Mitarbeiter hinsichtlich der Ergometrie, Anpassung der Arbeitszeiten, Angebot der Altersteilzeit, betriebliches Gesundheitsmanagement, eine altersgerechte Gestaltung der Arbeitsinhalte soll auf die Bedürfnisse älterer Mitarbeiter spezifisch eingegangen werden.[189] Aber auch der Übergang von der zunächst dominierenden fluiden Intelligenz, die körperlichen Fähigkeiten, Koordination und Genauigkeit, hin zur kristallinen Intelligenz im Alter, Allgemeinwissen, Erfahrungsschatz und Sprachverständnis, spielt eine bedeutende Rolle.[190] Das Ziel soll sein, eine Altersheterogenität innerhalb der Mitarbeiter zu schaffen, das bedeutet, keine Altersgruppe ist einer anderen zahlenmäßig überlegen sondern in etwa gleich stark vertreten.[191]

---

[185] vgl.: Aretz, H.-J.; Hansen, K.; Diversity und Diversity-Management im Unternehmen; Eine Analyse aus systemtheoretischer Sicht; Münster; Hamburg; London; 2002; S. 10

[186] vgl.: ebenda

[187] vgl.: ebenda

[188] vgl.: Landwehr, J.; Breuer, K.; Bohdal, U.; Die Chancen werden nicht genutzt; in: Personalwirtschaft; 08/2013; S. 38-41; hier S. 39

[189] vgl.: ebenda

[190] vgl.: Börsch-Supan, A.; Düzgün, I.; Weiss, M.; Alter und Produktivität – eine neue Sichtweise; a. a. O.; S. 55

[191] vgl.: Buck, H.; Kistler, E.; Mendius, H. G.; Demographischer Wandel in der Arbeitswelt; Chancen für eine innovative Arbeitsgestaltung; Stuttgart; 2002; S. 54

Ein Instrument im Age Diversity ist das **Mentoring**, bei dem ältere Mitarbeiter den jüngeren Mitarbeitern beratend zur Seite stehen.[192] Die jüngeren Mitarbeiter sollen von den Erfahrungen der älteren profitieren, dabei ist diese Lernbeziehung nicht einseitig zu sehen, denn auch der Mentor kann vom Mentee noch neue Dinge hinzulernen, z. B. durch neue, im Studium erworbene Kenntnisse.[193] Beim Mentoring sind verschiedene Arten zu unterscheiden. Der Mentor befindet sich entweder wie der Mentee innerhalb des Unternehmens, internes Mentoring, oder der Mentor ist nicht im gleichen Unternehmen wie der Mentee beschäftigt, externes Mentoring.[194] Des Weiteren wird zwischen spontanem und institutionalisiertem Mentoring unterschieden.[195] Beim spontanen Mentoring tritt der Mentor nur zur Förderung einer bestimmten Maßnahme auf wohingegen beim institutionalisierten Mentoring ein vorher klar definiertes Programm festgelegt worden ist.[196]

Ein weiteres Instrument, das häufig diskutiert und kritisiert wird, sind die **altersgemischten Teams**. Genau wie beim Mentoring soll ein Wissenstransfer zwischen den jüngeren und den älteren Mitarbeitern stattfinden.[197] Altersgemischte Teams sind aber nur dann erfolgreich, wenn vorher genau analysiert wurde, ob mit einem positiven Effekt, z. B. hinsichtlich der Produktivität, der übertragende Aufgabe durch altersgemischte Teams zu rechnen ist, die Aufgabenanforderungen anspruchsvoll sind und eine Wertschätzung der älteren Arbeitnehmer in den Teams vorausgesetzt werden kann.[198] Auch die in Kapitel 2 erwähnte Studie von Börsch-Supan, Düzgün und Weiss belegt, dass die Arbeitsproduktivität bei altersgemischten Teams im Vergleich zu altershomogenen Teams abnimmt.[199] Insgesamt mangelt es aber noch an repräsentativen Studien über die Vorteile bzw. den Nutzen von altersgemischten

---

[192] vgl.: Böhne, A.; Wagner, D.; Neue Aufgabenfelder für ältere Mitarbeiter; in: Speck, P. (Hrsg.); Employability – Herausforderungen für die strategische Personalentwicklung; Konzepte für eine flexible, innovationsorientierte Arbeitswelt von morgen; 4. Aufl.; Wiesbaden; 2009; S. 445-452; hier S. 445 f.
[193] vgl.: ebenda; S. 449
[194] vgl.: ebenda; S. 446 f.
[195] vgl.: ebenda
[196] vgl.: ebenda
[197] vgl.: Deller, J. et al.; Personalmanagement im demografischen Wandel; Ein Handbuch für den Veränderungsprozess; Berlin; Heidelberg; 2008; S. 81 f.
[198] vgl.: Weege, J.; Roth, C.; Schmidt, K.-H.; Eine aktuelle Bilanz der Vor- und Nachteile altersgemischter Teamarbeit; in: Wirtschaftspsychologie; 03/2008; S. 30-43; hier S. 41
[199] vgl.: Börsch-Supan, A.; Düzgün, I.; Weiss, M.; Alter und Produktivität – eine neue Sichtweise; a. a. O.; S. 57 ff

Teams, da die meisten Studien sich auf Teams im Top-Management bzw. auf den Dienstleistungssektor konzentrieren.[200]

Ein Konzept innerhalb des Diversity Management ist das **Retention Management**. Retention Management steht für Maßnahmen um die Mitarbeiter an das Unternehmen langfristig zu binden.[201] Im engeren Sinne zielt es nur auf Mitarbeiter in Schlüsselpositionen ab, die einen mittleren bis großen Einfluss auf den Unternehmenserfolg haben, großen Einfluss auf die Mitarbeiter besitzen, die in der Hierarchieebene unter ihnen stehen und das Unternehmen nach außen in bedeutender Weise repräsentieren.[202] Im weiteren Sinne zielt das Retention Management aber auf alle Mitarbeiter des Unternehmens ab, da es unter den Unternehmen zu einer immer größer werdenden Konkurrenz kommt wenn es um die Anwerbung neuer Fachkräfte geht.[203] Die Bindung der Mitarbeiter soll zum einen durch eine stärkere Berücksichtigung der Bedürfnisse und zum anderen durch Anreizfaktoren erzielt werden.[204] Die Anreizfaktoren können entweder intrinsisch sein, d. h. die Motivation kommt vom Mitarbeiter selbst bzw. durch die Arbeit, oder sie sind extrinsisch, d. h. der Mitarbeiter erhält für die geleistete Arbeit eine materielle Gegenleistung, z. B. Arbeitsentgelt oder betriebliche Sozialleistungen, bzw. eine immaterielle Gegenleistung, z. B. durch Qualifikationsmaßnahmen oder Arbeitszeitenregelungen.[205]

Im Zuge des demographischen Wandels entwickelt sich der Arbeitsmarkt in Deutschland kontinuierlich von einem Arbeitgeber- zu einem Arbeitnehmermarkt.[206] Dies hat zur Folge, dass Bewerber höhere Erwartungen an das Unternehmen als

---

[200] vgl.: Weege, J.; Roth, C.; Schmidt, K.-H.; Eine aktuelle Bilanz der Vor- und Nachteile altersgemischter Teamarbeit; a. a. O.; S. 40

[201] vgl.: Jochmann, W.; Retention Management; Die Leistungsträger der Unternehmen binden; in: Riekhof, H.-C. (Hrsg.); Strategien der Personalentwicklung; Mit Praxisberichten von Bosch, Gore, Hamburg-Mannheimer, Opel, Philips, Siemens, Volkswagen, Weidmüller und Weka; 5. Aufl.; Wiesbaden; 2002; S. 191-208; hier S. 191 f.

[202] vgl.: Brauweiler, J.; Retention Management; Rekrutierung und Mitarbeiterbindung im Kontext des demografischen Wandels; in: Preißing, D. (Hrsg.); Erfolgreiches Personalmanagement im demografischen Wandel; München; 2010; S. 77-105; hier S. 80

[203] vgl.: Jochmann, W.; Retention Management; Die Leistungsträger der Unternehmen binden; a. a. O.; S. 191 f.

[204] vgl.: Brauweiler, J.; Retention Management; a. a. O.; S. 85 ff.

[205] vgl.: ebenda

[206] vgl.: Kirchgeorg, M.; Müller, J.; Personalmarketing als Schlüssel zu Gewinnung, Bindung und Wiedergewinnung von Mitarbeitern; in: Stock-Homburg, R. (Hrsg.); Handbuch Strategisches Personalmanagement; 2. Aufl.; Wiesbaden; 2011; S. 73-90; hier S. 88

zukünftigen Arbeitgeber stellen.[207] Es wird für die Unternehmen nicht mehr ausreichen, sich aus einem potentiellen Bewerber-Pool die für sie am besten geeigneten Bewerber herauszusuchen, vielmehr wird es dazu kommen, dass Bewerber sich aus einer großen Anzahl an Unternehmen das für sie am attraktivste Unternehmen heraussuchen.[208] Die Unternehmen müssen daher ihre Marke, ihr **Employer Brand**, als besonders attraktiv und einzigartig im Vergleich zu den Konkurrenten darstellen.[209] Das international agierende Great Place To Work Institut zeichnet jedes Jahr auf Grundlage von anonymen Mitarbeiterbefragungen, aber auch einer Analyse der personalpolitischen Maßnahmen im Unternehmen die besten Arbeitgeber Deutschlands aus. „Die Auszeichnungen in den Wettbewerben von Great Place to Work ® stehen für eine attraktive, mitarbeiterorientierte Arbeitsplatzkultur, in der das Management glaubwürdig, fair und respektvoll mit den Beschäftigten zusammenarbeitet und diese eine hohe Identifikation und einen starken Teamgeist zeigen."[210] Somit sind die Ziele des Diversity Management, eine Vielfalt im Unternehmen bezüglich des Alters, des Geschlechts, der sexuellen Orientierung, der physischen Fähigkeiten, der ethnischen Herkunft sowie der Religion zu schaffen, auch unverändert auf das Employer Branding übertragbar.

Im Zuge der zuvor beschriebenen älter werdenden Bevölkerung und damit einhergehend der älter werdenden Mitarbeiter im Unternehmen, wird das **betriebliche Gesundheitsmanagement** (BGM) eine zunehmend bedeutende Rolle einnehmen. Aber nicht nur innerbetrieblich bringt es Vorteile, durch die ebenfalls zuvor beschriebenen Auswirkungen auf die Sozialsysteme, besonders die gesetzlichen Krankenversicherung, kann ein BGM zu einer Entlastung dieser Sozialsysteme führen.[211] Die Gründe für die Implementierung eines BGM sind neben dem Versuch, qualifizierten und produktiven Mitarbeitern einen Anreiz zu verschaffen im Unternehmen zu bleiben auch humanitäre Gründe, die soziale Verantwortung gegenüber

---

[207] vgl.: Kirschten, U.; Employer Branding im demografischen Wandel; in: Preißing, D. (Hrsg.); Erfolgreiches Personalmanagement im demografischen Wandel; München; 2010; S. 107-138; hier S. 111 f.
[208] vgl.: ebenda
[209] vgl.: ebenda
[210] http://www.greatplacetowork.de/beste-arbeitgeber/beste-arbeitgeber-siegerlisten-2015 (Stand: 27.12.2015)
[211] vgl.: Singer, S.; Neumann, A.; Beweggründe für ein Betriebliches Gesundheitsmanagement und seine Integration; in: Esslinger, A. S.; Emmert, M.; Schöffski, O. (Hrsg.); Betriebliches Gesundheitsmanagement; Mit gesunden Mitarbeitern zu unternehmerischen Erfolg; Wiesbaden; 2010; S. 49-66; hier S. 50

den Mitarbeitern, die Kosten, da krankheitsbedingte Ausfallzeiten höhere Kosten verursachen als ein BGM, und die Stellung des eigenes Unternehmens gegenüber der Konkurrenz.[212] Zwar scheuen sich noch viele Unternehmen höhere Investitionen für das BGM zu leisten und die Maßnahmen gehen meist nicht über die rechtlich vorgeschriebenen Maßnahmen zum Schutz des Mitarbeiters hinaus, aber diverse Studien haben gezeigt, dass sich bei erfolgreicher Umsetzung die Investitionen bezahlt machen.[213] Die zu treffenden Maßnahmen hängen von einer zuvor erhobenen Analyse der Defizite im Unternehmen ab.[214] Vor allem folgende sieben Bereiche werden in Unternehmen bezüglich des BGM betrachtet:[215]

- Präventive Maßnahmen bezüglich Muskel-Skelett-Erkrankungen: Primäre Prävention für die gesamte Belegschaft, sekundäre Prävention für gefährdete Mitarbeiter, tertiäre Prävention für Mitarbeiter mit Vorschädigungen. Maßnahmen sind z. B. Rückenschulen oder die Optimierung der Ergonomie.

- Sportförderung: Förderung von sportlichen Maßnahmen innerhalb des Unternehmens oder durch Vergünstigungen bei externen Anbietern.

- Gesundheitsscreenings: Neben den vorgeschriebenen arbeitsmedizinischen Vorsorgeuntersuchungen werden vermehrt freiwillige medizinische Untersuchungen für die Mitarbeiter auf Kosten des Arbeitgebers angeboten.

- Ernährung: In größeren Unternehmen mit Kantinen werden gesündere Mahlzeiten angeboten, deren mögliche höhere Kosten durch das Unternehmen subventioniert werden. Auch Schulungsmaßnahmen zur gesünderen Ernährung sind möglich.

- Reduzierung des Konsums von Suchtmitteln: Angebot von Suchtentwöhnungsprogrammen für Alkohol und Tabakkonsum.

---

[212] vgl. Singer, S.; Neumann, A.; Beweggründe für ein Betriebliches Gesundheitsmanagement und seine Integration; a. a. O.; S. 54
[213] vgl.: Meuser, T.; Die ökonomischen Wirkungen des Betrieblichen Gesundheitsmanagements; in: Kuhn, D.; Sommer, D. (Hrsg.); Betriebliche Gesundheitsförderung; Ausgangspunkte – Widerstände – Wirkungen; Wiesbaden; 2004; S. 238-249; hier S. 239 f.
[214] vgl.: Ueberle, M.; Betriebliches Gesundheitsmanagement im demografischen Wandel; in: Preißing, D. (Hrsg.); Erfolgreiches Personalmanagement im demografischen Wandel; München; 2010; S.279-309; hier S. 303
[215] vgl.: ebenda; S. 304 ff.

- Förderung des Sozialkapitals: Verbesserung der Beziehungen der Arbeitnehmer untereinander.

- Betriebliches Eingliederungsmanagement: Auch gesetzlich vorgeschrieben, nimmt diese Maßnahme eine größer werdende Bedeutung zu, um langfristig erkrankte Mitarbeiter wieder an den Arbeitsplatz zurückzuführen und einer erneuten Erkrankung vorzubeugen.

Die Deloitte Consulting GmbH hat in Zusammenarbeit mit der Universität Köln 2013 eine Befragung in 72 deutschen Unternehmen zum Thema „Talent & Diversity Management in deutschen Unternehmen" durchgeführt.[216] Hinterfragt wurden unter anderem die Verbreitung der Maßnahmen bezüglich der Geschlechter-Vielfalt, der Alters-Vielfalt und der Ethnischen-Vielfalt resultierend mit folgenden Ergebnissen:[217]

- Geschlechter-Vielfalt: Teilzeitverträge nach Elternzeit, Flexible Arbeitszeiten, Rückkehrgespräche bei Wiedereintritt nach Elternzeit

- Alters-Vielfalt: Ergonomische Gestaltung der Arbeitsplätze, Freizeitangebote/Sportangebote, Altersteilzeit

- Ethnische-Vielfalt: Entsendung von Führungskräften ins Ausland, Abteilung zur Unterstützung ausländischer Mitarbeiter, gezielte Rekrutierung ausländischer Fach- und Führungskräfte.

Die hier dargestellten Maßnahmen spiegeln nur einen Teil möglicher Instrumente zur Umsetzung eines Diversity Managements wider. Da es aber bis heute keine eindeutige Definition von Diversity Management gibt, gibt es ebenso keine vollständige Auflistung möglicher Instrumente. Zur Bestimmung notwendiger Maßnahmen für die Gestaltung des Diversity Management ist eine genaue Analyse innerhalb des Unternehmens notwendig.[218]

---

[216] vgl.: Deloitte; hier: http://www2.deloitte.com/content/dam/Deloitte/de/Documents/human-capital/C-HCAS-Talent-Diversity-Studie-2013.pdf (Stand: 10.12.2015)
[217] vgl.: ebenda
[218] vgl.: Franken, S.; Personal: Diversity Management; a. a. O.; S. 65

3.2.2 Ökonomische Möglichkeiten

Neben der Berücksichtigung der rechtlichen Vorschriften bezüglich der Gleichbehandlung und Diskriminierung bietet die Umsetzung des Diversity Management auch ökonomische Chancen. Cox und Blake beschreiben Diversity als Wettbewerbsvorteil und geben sechs mögliche Bereiche an, in denen ein Unternehmen Vorteile erreichen kann:[219]

- Cost Argument / Das Kosten-Argument: Kosten können entstehen, wenn Mitarbeiter, die nicht zur dominanten Gruppe gehören, schlecht oder gar nicht in das Unternehmen integriert sind.

- Resource-Acquisition Argument / Das Beschäftigtenstruktur-Argument: Der Anteil von Frauen, Jüngeren, Älteren sowie Menschen mit Migrationshintergrund steigt auch ohne konsequentes Diversity Management aufgrund des kleiner werdenden Arbeitsmarktes. Durch Berücksichtigung dieser Arbeitnehmer bei der Personalauswahl können Vorteile gegenüber Konkurrenten entstehen.

- Marketing Argument / Das Marketing-Argument: Eine Mitarbeiterstruktur, die sich durch kulturelle Vielfalt auszeichnet, bietet größere Chancen die Bedürfnisse der ebenfalls vielfältigen Kunden besser zu befriedigen.

- Creativity Argument / Das Kreativitäts-Argument: Homogene Organisationen zeichnen sich durch eine größere Kreativität aus und bieten Wettbewerbsvorteile gegenüber Konkurrenten.

- Problem-solving Argument / Das Problemlösungs-Argument: Heterogene Organisationen sind erfolgreicher in der Findung von Entscheidungen.

- System Flexibility Argument / Das Flexibilitäts-Argument: Heterogene Organisationen können besser auf sich verändernde Umweltbedingungen reagieren.

---

[219] vgl.: Cox Jr., T. H.; Blake, S.; Managing cultural diversity: implications for organizational competitiveness; in: The Executive; 03/1991; S. 45-56; hier S. 45 ff.

Bezugnehmend auf die sechs Argumente fasst Krell das Kreativitäts-Argument und das Problemlösungs-Argument zusammen und ergänzt dazu drei weitere Argumente:[220]

- Das Personalmarketing-Argument: Eine in der Organisationsstruktur verankerte Vielfalt kann eine Erhöhung der Bewerberzahlen und somit eine größere Auswahl bei Bewerbungsprozessen mit sich führen.

- Das Finanzierungs-Argument: Eine größer werdende Anzahl an Fondsgesellschaften verpflichten sich in den USA nur in die Unternehmen zu investieren, die Diversity Konzepte mit ihren Unternehmensleitlinien vereinbart haben.

- Das Internationalisierungs-Argument: Für international agierende Unternehmen ist es ein Muss, die Kulturen der internationalen Geschäftspartner zu tolerieren. Wenn die Akzeptanz der Vielfalt schon intern im Unternehmen gelebt wird, fällt es umso leichter diese auch nach außen hin zu zeigen.

3.2.3   Kritik und Bewertung des Diversity Management

Ein häufig genannter Kritikpunkt sind die vermeintlich hohen Kosten, die das Diversity Management verursacht. Besonders beim Age Diversity würden so durch die Beschäftigung älterer Mitarbeiter mehr Kosten entstehen als im Vergleich zu jüngeren.[221] Bei Betrachtung der gesamten Personalkosten, also neben dem Lohn und Gehalt auch die Aktionskosten, d. h. Kosten für die Personalbeschaffung, Personalentwicklung und Personalfreisetzung sowie die Reaktionskosten, d. h. die Fluktuations- sowie Fehlzeitenkosten hervorgerufen durch die längeren krankheitsbedingten Ausfälle älterer Mitarbeiter, wird dieses Vorurteil aber widerlegt.[222] Auch wenn die krankheitsbedingten Fehlzeiten älterer Mitarbeiter im Vergleich zu jüngeren insgesamt höher liegen, bei der Anzahl der Fehlzeiten gibt es keine nennenswerten Unterschiede, so lassen sich die betriebswirtschaftlichen Kosten, die durch krankheitsbedingte Fehlzeiten entstehen, durch ein betriebliches Gesundheitsmanagement, das auf Dauer die Fehlzeiten minimiert, kompensieren und sogar reduzieren.[223]

---

[220] vgl.: Krell, G.; Managing Diversity; Chancengleichheit als Wettbewerbsfaktor; a. a. O.; S. 45 ff.
[221] vgl.: Stößel, D.; Was Ältere tatsächlich kosten; in: Personalmagazin 05/2008; S. 52-54; hier S. 53 f.
[222] vgl.: ebenda
[223] vgl.: ebenda

Des Weiteren wird das Diversity Management nur als Schein-Maßnahme angesehen, die sich kaum vom Diversity Marketing abgrenzt und das vorderste Ziel der Gewinnmaximierung beinhaltet, statt die Gleichbehandlung der Mitarbeiter.[224] Zwar ist dieser Kritikpunkt schwer zu widerlegen, aber genauso schwer zu beweisen, da letztendlich nahezu alle Maßnahmen in Unternehmen das langfristige Ziel der Gewinnmaximierung beinhalten. Auch wenn dieser Kritikpunkt als überzogen anzusehen ist, bietet er gleichzeitig die Chance, durch ein erfolgreich umgesetztes Diversity Management die Außendarstellung des Unternehmens positiv darzustellen.[225]

Diversity Management ist nur dann erfolgreich, wenn es professionell umgesetzt wird, z. B. durch einen ausgebildeten Diversity Manager, der die im Unternehmen spezifischen Diversitätsdimensionen analysiert, die beteiligten Mitarbeiter unterstützt und Fort- und Weiterbildungsmaßnahmen anbietet und evaluiert.[226] Zwar bilden Hochschulen Studierende in Ansätzen schon zum Thema Vielfalt aus, dennoch bedarf es einer standardisierten Ausbildung zum Diversity Manager.[227] Damit das Diversity Management als erfolgreich gilt, muss es strategisch umgesetzt werden, es muss in der in der Unternehmensstrategie und nicht lediglich in der Personalstrategie fest verankert sein.[228] Um positive Effekte zu erzielen, sind bei allen Konzepten oder Maßnahmen die Bereitschaft und Akzeptanz der Beteiligten, also der Mitarbeiter, der Führungskräfte, der Personalabteilung sowie der Geschäftsführung, unabdingbar.[229]

---

[224] vgl.: Purtschert, P.; Diversity Management: Mehr Gewinn durch weniger Diskriminierung?; Von der Differenz im Umgang mit Differenzen; in: Femina Politica Zeitschrift für feministische Politikwissenschaft; 01/2007; S. 88-96; hier S. 90 f.

[225] vgl.: Vedder, G.; Die historische Entwicklung von Diversity Management in den USA und in Deutschland; a. a. O.; S. 14 f.

[226] vgl.: Süß, S.; Quo vadis Diversity Management; a. a. O.; S. 288

[227] vgl.: ebenda; S. 289 ff.

[228] vgl.: ebenda; S. 289

[229] vgl.: Deller, J. et al.; Personalmanagement im demografischen Wandel; a. a. O.; S. 82

4 Umfrage zum demographischen Wandel

Im Zuge der weiteren Untersuchung wurde eine Umfrage unter deutschen Unternehmen durchgeführt, die vorwiegend im Raum Ostwestfalen-Lippe ansässig sind. Die Original-Umfrage ist dem Anhang Nr. II zu entnehmen.

4.1 Struktur und Zielsetzung der Umfrage

Unter dem Titel „Wirtschaftliche Folgen des demographischen Wandels in Deutschland" wurden 500 Unternehmen mit der Bitte um Teilnahme an der Umfrage angeschrieben. Die Umfrage wurde sowohl online unter www.umfrageonline.com/s/StephanEschler als auch in Papierform durchgeführt. Der Umfragezeitraum betrug 1 Monat. Insgesamt haben 101 Unternehmen an der Umfrage teilgenommen, was eine Teilnahmequote von 20,20 % bedeutet. Sowohl die Erhebung als auch die Auswertung erfolgte anonym. Die Fragen wurden so gewählt, dass es nicht möglich war aufgrund der gegebenen Antworten Rückschlüsse auf das Unternehmen und oder die Person zu ziehen, die an der Umfrage teilgenommen hat.

Ziel der Umfrage war es herauszufinden, ob und wenn ja im welchen Umfang sich der demographische Wandel in deutschen Unternehmen schon bemerkbar gemacht hat. Sofern Auswirkungen sich bemerkbar gemacht haben, in welcher Form, welche Lösungsansätze zur Bewältigung der Probleme, die der demographische Wandel mit sich führt, bekannt sind sowie die Bewertung vorgegebener Lösungsansätze hinsichtlich der Effektivität als auch der Umsetzbarkeit.

Der Umfang der Umfrage betrug zwölf Fragen. Die ersten fünf Fragen bezogen sich auf das jeweilige Unternehmen bezüglich der Branche, der Unternehmensgröße, das Alter des Unternehmens, ob es sich um ein Familienunternehmen handelt und die Altersstruktur der Mitarbeiter. Die Fragen 6 bis 8 bezogen sich auf die Auswirkungen des demographischen Wandels, ob mögliche Auswirkungen im Allgemeinen bekannt sind, ob sich Auswirkungen des demographischen Wandel im eigenen Unternehmen schon bemerkbar gemacht haben und falls Ja, welche Auswirkungen dies waren. Die Fragen 9 und 10 bezogen sich auf die möglicherweise bekannten Lösungsstrategien. In den Fragen 11 und 12 wurden insgesamt zwölf verschiedene

Lösungsstrategien zur Bewertung hinsichtlich der Effektivität sowie der Umsetzbarkeit vorgegeben.

4.2 Auswertung und Interpretation der Umfrage

Im Folgenden werden nur die relevantesten Ergebnisse der Umfrage dargestellt. Die detaillierte Auswertung kann dem Anhang Nr. III, Tab. 6 bis Tab. 19, entnommen werden.

Die ersten fünf Fragen bezogen sich auf das jeweilige Unternehmen um diese in den Gesamtumfang einordnen zu können.

In Frage 1 wurde nach der Branchenzugehörigkeit gefragt. 25,74% gaben an, dass ihr Unternehmen in die Branche „Industrie und Maschinenbau" einzuordnen sei, 8,91% gaben „Öffentlicher Dienst, Verbände und Einrichtungen", 7,92% „Konsumgüter und Handel", 6,93% „Architektur und Bauwesen" und jeweils 4,95% „Automobil und Fahrzeugbau" sowie „Gesundheit und Soziales" an.

Bei der zweiten Frage wurde nach der Anzahl der Mitarbeiter gefragt, siehe Abb. 11.

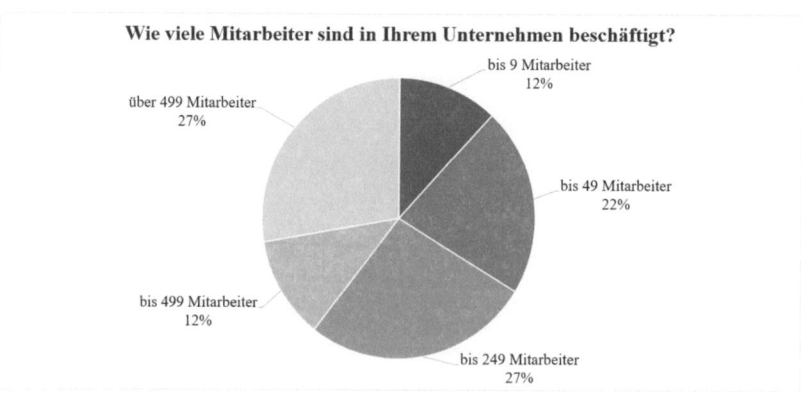

Abb. 11: Anzahl der Mitarbeiter im Unternehmen

Bezogen auf die „Empfehlung der europäischen Kommission vom 06. Mai 2003 betreffend die Definition der Kleinstunternehmen sowie der kleinen und mittleren Unternehmen" und nur unter Berücksichtigung der Mitarbeiteranzahl, waren fast zwei Drittel der Teilnehmenden Unternehmen kleine oder mittlere Unternehmen (KMU).

Frage 3 bezog sich auf das Alter des Unternehmens. 89% der Unternehmen waren älter als 20 Jahre, 5% zwischen 10 und 19 Jahre alt und jeweils 3% zwischen 5 und 9 Jahre bzw. zwischen 0 und 4 Jahre alt.

62% der Teilnehmer gaben in Frage 4 an, dass ihr Unternehmen ein Familienunternehmen sein.

In der fünften Frage wurde gebeten die ungefähre Altersstruktur des Unternehmens darzustellen, siehe Abb. 12.

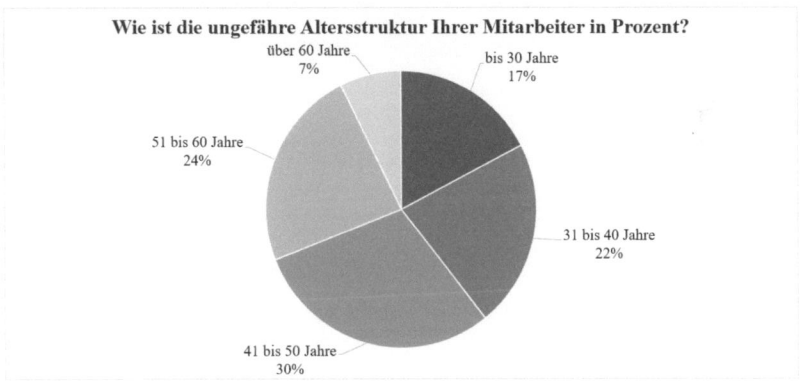

Abb. 12: Altersstruktur der Mitarbeiter

Die Fragen 6, 7 und 8 bezogen sich auf die Auswirkungen des demographischen Wandels im Unternehmen.

In Frage 6 wurde gefragt, ob mögliche Auswirkungen des demographischen Wandels bekannt seien. 82% beantworteten diese Frage mit Ja, 18% mit Nein. Je größer das Unternehmen ist, desto eher wurde diese Frage mit Ja beantwortet, siehe Tab. 1.

Unternehmensgröße	Auswirkungen des demographischen Wandels bekannt?	
	Ja	Nein
1 – 49 Mitarbeiter	65%	35%
1 – 249 Mitarteiter	77%	23%
250 – mehr als 499 Mitarbeiter	90%	10%

Tab. 1: Auswirkungen des demographischen Wandels nach Unternehmensgröße I

Die siebente Frage bezog sich auf die Auswirkungen des demographischen Wandels im Unternehmen. 40% gaben an, dass sich bisher schon Auswirkungen im Unternehmen bemerkbar gemacht haben, 60% gaben an noch nicht mit den Auswirkungen konfrontiert worden zu sein. Auch hier zeigte sich wie bei Frage 6, das mit steigender Unternehmensgröße die Wahrscheinlichkeit zunimmt, dass sich die Auswirkungen im Unternehmen schon bemerkbar gemacht haben, siehe Tab. 2.

Unternehmensgröße	Auswirkungen des demographischen Wandels im Unternehmen aufgetreten?	
	Ja	Nein
1 – 49 Mitarbeiter	33%	67%
1 – 249 Mitarteiter	38%	62%
250 – mehr als 499 Mitarbeiter	42%	58%

Tab. 2: Auswirkungen des demographischen Wandels nach Unternehmensgröße II

Die Teilnehmer, die Frage 7 mit Ja beantwortet haben wurden in Frage 8 gebeten diese Auswirkungen zu beschreiben. Die häufigsten Nennungen waren zusammengefasst

- „Bewerbermangel / Fachkräftemangel / Mangel an Bewerbern für Ausbildungsstellen"

- „sinkende Qualität der Bewerber"

- „Alterung der Belegschaft".

Besonders die KMU gaben häufig als Auswirkungen den „Bewerbermangel" an.

Die Fragen 9 und 10 bezogen sich auf Lösungsstrategien bzw. Maßnahmen die aufgrund der Auswirkungen des demographischen Wandels getroffen wurden.

Die neunte Frage bezog sie ebenfalls nur auf die Teilnehmer, die Frage 7 mit Ja beantwortet haben. Es wurde gefragt, wie auf diese Auswirkungen reagiert wurde. 21% haben gar nicht reagiert. Die Unternehmen, die auf die Auswirkungen reagiert haben, taten dies zusammengefasst vorwiegend durch

- „Erhöhung der Ausbildungsquote"

- „Employer Branding"

- „Intensiveres Personalmanagement"

- „Betriebliches Gesundheitsmanagement"

- „Neueinstellungen".

Die KMU gaben häufig eine „verstärkte Personalarbeit", ein „intensiveres Personal-marketing" und „Employer Branding" an. Zurückzuführen ist dies auf den schweren Stand von kleineren Unternehmen im Vergleich zu Größeren, da diese intensiver um Mitarbeiter auf dem Arbeitsmarkt werben müssen.

In der zehnten Frage wurde nach weiteren Lösungsansätzen gefragt. 63% gaben an keine weiteren Lösungsansätze zu kennen, die restlichen Teilnehmer gaben zusam-mengefasst „Ausbildung", „Weiterbildung", „Weiterbeschäftigung von Mitarbeitern im Rentenalter" sowie „Zuwanderung" an.

In den Fragen 11 und 12 wurden zwölf Lösungsstrategien vorgegeben mit der Bitte um Beurteilung hinsichtlich der Effektivität, Frage 11, bzw. der Umsetzbarkeit, Frage 12.

Die vorgegebenen Lösungsstrategien sollten anhand eines vorgegebenen Rankings zwischen „sehr effektiv" (1), „effektiv" (2), „eher effektiv" (3), „nicht effektiv" (4) oder „Keine Angabe" (0) bewertet werden. Aus den gegebenen Antworten wurde ein Mittelwert gebildet, wobei „Keine Angabe" nicht berücksichtigt wurde. Je kleiner dieser Mittelwert ist, desto höher wird die Effektivität in den Unternehmen angese-hen. Die höchste Effektivität wird dabei „Qualifizierungsmaßnahmen, z. B. verstärk-te Fort- und Weiterbildungsprogramme für die Mitarbeiter", „Arbeitgeberattraktivi-tät erhöhen durch flexible Arbeitszeiten" sowie „Betriebliches Gesundheitsmanagement, z. B. durch Anpassung der Arbeitsplatzgestaltung an die Bedürfnisse der Mitarbeiter" zugesprochen, siehe Tab. 3.

Rank	Lösungsstrategie	Wert
1	Qualifizierungsmaßnahmen, z. B. verstärkte Fort- und Weiterbildungs-programme für Mitarbeiter	1,78
2	Arbeitgeberattraktivität erhöhen durch flexible Arbeitszeiten	1,99
3	Betriebliches Gesundheitsmanagement, z. B. durch Anpassung der Arbeitsplatzgestaltung an die Bedürfnisse der Mitarbeiter	2,10
...	...	...
10	Qualifizierungsmaßnahmen, z. B. Beschäftigung von „unqualifizierten Mitarbeitern" und spätere gezielte Qualifizierung / Fort- und Weiterbil-dung	2,75
11	Erschließung ungenutzter Erwerbspotenziale durch Beschäftigung von Migranten (Integrations-/Sprachbarrieren)	2,81
12	Qualifizierungsmaßnahmen, z. B. Ausbildung von „bildungsschwachen Schulabsolventen" und deren gezielte Betreuung und Qualifikation	2,96

Tab. 3: Ranking der Lösungsstrategien bezüglich der Effektivität

Gerade größere Unternehmen, ab einer Mitarbeiterzahl von 250, bewerteten eine „Erhöhung der Arbeitgeberattraktivität", die „Erschließung von ungenutzten Er-werbspotenzialen", besonders die „Beschäftigung von Migranten", „Qualifizie-rungsmaßnahmen für bereits beschäftigte Mitarbeiter" sowie ein „betriebliches Gesundheitsmanagement" effizienter als die KMU. Zurückzuführen ist dies auf die vermeintlich hohen Kosten die entstehen können, bei denen die KMU nicht so flexibel reagieren können wie größere Unternehmen.

In Frage 12 wurden dieselben Lösungsstrategien wie in Frage 11 vorgegeben mit der Bitte um Bewertung der Umsetzbarkeit. Die Kriterien waren „uneingeschränkt umsetzbar" (1), „eingeschränkt umsetzbar" (2), „kaum umsetzbar" (3), „nicht umsetzbar" (4) und „Keine Angabe" (0). Die Auswertung erfolgte wie bei Frage 11 mit der Bildung eines Mittelwertes der gegebenen Antworten ohne Berücksichtigung des Wertes „Keine Angabe", siehe Tab. 2.

Rank	Lösungsstrategie	Wert
1	Qualifizierungsmaßnahmen, z. B. verstärkte Fort- und Weiterbildungs-programme für Mitarbeiter	1,66
2	Betriebliches Gesundheitsmanagement, z. B. durch Anpassung der Arbeitsplatzgestaltung an die Bedürfnisse der Mitarbeiter	2,03
3	Qualifizierungsmaßnahmen, z. B. Trainee-Programme für Berufseinstei-ger	2,04
...	...	...
10	Qualifizierungsmaßnahmen, z. B. Beschäftigung von „unqualifizierten Mitarbeitern" und spätere gezielte Qualifizierung / Fort- und Weiterbil-dung	2,47
11	Erschließung ungenutzter Erwerbspotenziale durch Beschäftigung von Migranten (Integrations-/Sprachbarrieren)	2,64
12	Qualifizierungsmaßnahmen, z. B. Ausbildung von „bildungsschwachen Schulabsolventen" und deren gezielte Betreuung und Qualifikation	2,72

Tab. 4: Ranking der Lösungsstrategien bezüglich der Umsetzbarkeit

Insgesamt wird die Umsetzbarkeit der Lösungsstrategien besser bewertet als die Effektivität, bis auf eine Ausnahme, die „Erhöhung der Arbeitgeberattraktivität durch flexible Arbeitszeiten". Gerade die KMU bewerteten diese Strategie mit einem Mittelwert von 2,25 deutlich schlechter als die größeren Unternehmen mit einem Wert von 1,85.

Auch die „Beschäftigung von unqualifizierten Mitarbeitern" sowie „Beschäftigung von bildungsschwachen Schulabsolventen" wird zum einem sehr schlecht bewertet bezüglich der Effektivität und weist zum anderen eine hohe Differenz bezüglich der Umsetzbarkeit mit 0,24 bzw. 0,28 Punkten auf. Die Kosten und der Aufwand zur Umsetzung dieser Strategien sind den meisten Unternehmen wahrscheinlich zu hoch. Die in Kapitel 2 aufgestellte Expertenmeinung, der zunehmend größer werdende Bedarf von gut ausgebildeten und qualifizierten Bewerbern für Unternehmen, wird hiermit bestätigt.

Ebenfalls schlecht abgeschnitten hat die Empfehlung der „Erschließung von unge-nutzten Erwerbspotentialen". Diese Strategien, die in Expertenmeinungen das größte Potential bilden um den Auswirkungen des demographischen Wandels entgegenzu-treten, werden von den Unternehmen noch als wenig effektiv angesehen und mit nur

2,52 für die „Beschäftigung von Kinderbetreuungspflichtigen Mitarbeitern", also vorwiegend Frauen, und mit 2,81 für die „Beschäftigung von Migranten" bewertet. Auch hier scheinen die Kosten und der Aufwand, gerade bei der Betreuung von Arbeitnehmern, die sprachliche Defizite haben, zu groß zu sein. Gerade die KMU bewerten diese Strategien mit einem Wert von 3,04 deutlich schlechter als die größeren Unternehmen mit 2,69.

Bezogen auf die Branche fällt auf, das Unternehmen aus der Industrie und dem Maschinenbau, also für den Arbeitnehmer körperlich belastende Arbeiten, ein „betriebliches Gesundheitsmanagement" als weniger effektiv und leicht umsetzbar bewerten als der Durchschnitt. Im öffentlichen Dienst hingegen werden die Vorteile der „Erschließung ungenutzter Erwerbspotentiale" noch nicht im vollen Maße wahrgenommen. Im Dienstleistungssektor, eine Branche mit hohem Anteil an Arbeiten am Schreibtisch, ist ebenfalls ein „betriebliches Gesundheitsmanagement" noch nicht sehr hoch angesehen. Die Auswirkungen des demographischen Wandels sind hier hingegen im Vergleich zum Durchschnitt eher bekannt, obwohl gerade dieser Branche eher positive Veränderungen widerfahren wird, bezogen auf die sich ändernden Wirtschaftssektoren.

Etwas überraschend fällt das Ergebnis der Bewertung der Fragen 11 und 12 unter Berücksichtigung der Angabe Familienunternehmen aus. Vermutet wurde, dass in Familienunternehmen eine intensivere und auf langfristige Sicht ausgelegte Personalarbeit vorherrscht. Die Auswirkungen des demographischen Wandels sind aber nur 79% der Familienunternehmen bekannt, bei Nicht-Familienunternehmen sind es hingegen 87%. Auch die Beurteilung der Effektivität und Umsetzbarkeit wird in Familienunternehmen insgesamt leicht schlechter bewertet.

5 Fazit

Der demographische Wandel hat die deutsche Wirtschaft und damit einhergehend die deutschen Unternehmen seit einigen Jahren fest im Griff. Von Seiten der Politik ist es nicht gelungen Maßnahmen zu ergreifen, um den Auswirkungen, die zum Teil schon vor Jahrzehnten aufgetreten sind, frühzeitig entgegenzuwirken. Sofern Maßnahmen getroffen worden sind zielten diese nur auf eine kurzfristige Verbesserung ab, wie z. B. die Anwerbung von ausländischen Arbeitskräften in den 1960er Jahren. Maßnahmen zur Erhöhung der Geburtenrate, die seit Mitte der 1960er Jahre gefallen ist und sich seitdem auf einem konstant niedrigen Niveau hält oder Maßnahmen zur Erhöhung der Erwerbsbeteiligungsquote von Frauen wurden hingegen nicht bzw. nur im unzureichenden Umfang getroffen. Erste weitreichende Reformen wurden zu spät umgesetzt, z. B. die Agenda 2010, die sich am positiven Vorbild Dänemark orientiert, was die Erwerbsbeteiligung von Frauen betrifft.

Die Auswirkungen für die Politik, die Ökonomie, die Wirtschaft, die Unternehmen und den einzelnen Bürger werden weitreichend sein. Das Sozialversicherungssystem wird in der heutigen Form nicht weiterbestehen können. Schon heute finden in regelmäßigen Abständen Beitragserhöhungen statt, damit die Finanzierung gewährleistet wird. Auf langfristige Sicht wird eine immer wiederkehrende Erhöhung aber nicht ausreichen und wahrscheinlich von den Beitragszahlern auch nicht mitgetragen werden. Der demographische Wandel bringt aber nicht nur negative Auswirkungen mit sich. So steigt die Lebenserwartung, die Menschen werden älter, bleiben länger gesund und können auch länger arbeiten. Auch wenn es in der Bevölkerung auf Ablehnung stoßen wird, ist ein weiteres Anheben des Renteneintrittsalters kaum vermeidbar. Steigen wird auch der Bedarf an Gesundheitsdienstleistungen, was sich positiv auf den Arbeitsmarkt auswirken kann.

Die Unternehmen werden in einem härteren Konkurrenzkampf gegeneinander treten wenn es darum geht geeignete Mitarbeiter anzuwerben. Eine intensivere Personalarbeit im Unternehmen, eine stärkere Arbeitgebermarke, aber auch die intensivere Konzentration auf die Bedürfnisse der Mitarbeiter werden zunehmend in den Fokus der Unternehmensstrategie rücken. Ungenutzte Erwerbspotenziale werden erschlossen werden müssen. Unternehmen die zeitweise im „Jugendwahn" verfallen sind wenn es um die Einstellung neuer Mitarbeiter ging, werden sich zunehmend auch auf älterer Bewerber konzentrieren. Ebenso werden immer mehr hochqualifizierte Frauen in den Arbeitsmarkt eintreten und ihren Platz einfordern. Auf diese Bedürfnisse müssen sich die Unternehmen zunehmend konzentrieren.

Die Stellung des Arbeitnehmers wandelt sich vom „Bittsteller", der sich auf Forderungen des Unternehmens einlassen musste um überhaupt eine Chance zur Beschäftigung zu erhalten hin zu einem umworbenen Leistungserbringer. Allerdings wird es nicht mehr ausreichen eine Ausbildung abzuschließen um damit bis zum Renteneintritt sorgenfrei im Unternehmen zu verbleiben. Ständige Fort- und Weiterbildungen, das „lebenslange Lernen" stehen für den Arbeitnehmer im Mittelpunkt um weiterhin attraktiv zu bleiben.

Die erhobene Umfrage hat gezeigt, dass in vielen Unternehmen sich der demographische Wandel bereits bemerkbar gemacht hat und vor allem größere Unternehmen mussten schon darauf reagieren. Dabei wurden auch aus der Expertensicht geeignete Maßnahmen getroffen, wie z. B. eine intensivere Personalarbeit oder die Stärkung der Arbeitgebermarke. Vorgegebene Lösungsstrategien, besonders die „Erschließung von ungenutzten Erwerbspotenzialen", z. B. Frauen und Migranten, werden entgegen der Expertenmeinungen und erhobenen Studien als wenig effektiv und schwierig umsetzbar angesehen, obwohl gerad in dieser Strategie mit das höchste Potential gesehen wird. In diesen Bereichen haben viele Unternehmen noch Nachholbedarf bezüglich der strategisch ausgerichteten Personalpolitik um ihr eigenes Unternehmen erfolgreich für die Zukunft zu wappnen und damit einhergehend die Leistungsfähigkeit der deutschen Wirtschaft zu sichern.

IV Literaturverzeichnis

Monografien:

ARETZ, H.-J.; HANSEN, K. 2002; Diversity und Diversity-Management im Unternehmen; Eine Analyse aus systemtheoretischer Sicht; Münster, Hamburg, London; LIT Verlag.

AUTORENGRUPPE BILDUNGSBERICHTERSTATTUNG 2014 (Hrsg.): Bildung in Deutschland 2013; Ein indikatorengestützter Bericht mit einer Analyse zur Bildung von Menschen mit Behinderungen; Bielefeld.

BAADE, D. 2007: Demographischer Wandel und internationale Wettbewerbsfähigkeit Deutschlands; Eine Analyse basierend auf Porters Ansatz; Wiesbaden; Deutscher Universitätsverlag.

BÖRSCH-SUPAN, A.; LUDWIG, A.; SOMMER, M. 2003: Demographie und Kapitalmärkte; Die Auswirkungen der Bevölkerungsalterung auf Aktien-, Renten- und Immobilienvermögen; Köln; Deutsches Institut für Altersvorsorge.

BUCK, H.; KISTLER, E.; MENDIUS, H. G. 2002: Demographischer Wandel in der Arbeitswelt; Chancen für eine innovative Arbeitsgestaltung; Stuttgart; Fraunhofer IRB Verlag.

BUNDESAMT FÜR MIGRATION UND FLÜCHTLINGE 2015 (Hrsg.): Das Bundesamt in Zahlen 2014; Asyl, Migration und Integration; Nürnberg.

BUNDESMINISTERIUM DES INNEREN 2013 (Hrsg.): Jedes Alter zählt; Zweiter Demografiegipfel der Bundesregierung am 12. Mai 2013; Berlin.

BUNDESMINISTERIUM FÜR FAMILIE, SENIOREN, FRAUEN UND JUGEND 2007 (Hrsg.): Demografischer Wandel; Ergebnis einer Repräsentativbefragung der bis 25-jährigen Bevölkerung in Deutschland, Januar 2007; Berlin.

COX JR., T. H. 1994: Cultural Diversity in Organizations; Theory, Research and Practice; San Francisco; Berrett-Koehler.

DELLER, J.; KERN, S.; HAUSMANN, E.; DIEDRICHS, Y. 2008: Personalmanagement im demografischen Wandel; Ein Handbuch für den Veränderungsprozess; Berlin; Heidelberg; Springer-Verlag.

EGLE, F. 2008: Arbeitsmarktintegration; Grundsicherung – Fallmanagement – Zeitarbeit – Arbeitsvermittlung; 2. Aufl.; Wiesbaden; Gabler Verlag.

FRANKEN, S. 2015: Personal: Diversity Management; Wiesbaden; Gabler Verlag.

GARDENSWARTZ, L.; ROWE, A. 2003: Diverse Teams at Work; Capitalizing on the Power of Diversity; Alexandria; Society for Human Resource Management.

KRÖHNERT, S.; VAN OLST, N.; KLINGHOLZ, R. 2004: Deutschland 2020; Die demografische Zukunft der Nation; Berlin; Berlin-Institut für Bevölkerung und Entwicklung.

LODEN, M.; ROSENER, J. B. 1991: Workforce America!; Managing Employee Diversity as a Vital Resource; New York; Business One Irwin.

MANGELSDORF, M. 2015: Vom Babyboomer bis Generation Z; Der richtige Umgang mit unterschiedlichen Generationen im Unternehmen; Offenbach; Gabal.

MÜNZ, R.; SEIFERT, W.; ULRICH, R. 1999: Zuwanderung nach Deutschland; Strukturen, Wirkungen, Perspektiven; 2. Aufl.; Frankfurt/Main; Campus Verlag.

SACHVERSTÄNDIGENRAT DEUTSCHER STIFTUNGEN FÜR INTEGRATION UND MIGRATION 2015 (Hrsg.): Unter Einwanderungsländern. Deutschland im internationalen Vergleich; Jahresgutachten 2015; Berlin.

SACHVERSTÄNDIGENRAT ZUR BEGUTACHTUNG DER GESAMTWIRTSCHAFTLICHEN ENTWICKLUNG 2011 (Hrsg.): Herausforderungen des demografischen Wandels; Expertise im Auftrag der Bundesregierung; Wiesbaden.

STATISTISCHE ÄMTER DES BUNDES UND DER LÄNDER 2009 (Hrsg.) (I): Demografischer Wandel in Deutschland; Auswirkungen auf die Entwicklung der Erwerbspersonenzahl; Wiesbaden.

STATISTISCHE ÄMTER DES BUNDES UND DER LÄNDER 2011 (Hrsg.) (II): Demografischer Wandel in Deutschland; Bevölkerungs- und Haushaltsentwicklung im Bund und in den Ländern; Wiesbaden.

STATISTISCHE ÄMTER DES BUNDES UND DER LÄNDER 2015 (Hrsg.) (III): Internationale Bildungsindikatoren im Ländervergleich; Wiesbaden.

STATISTISCHE ÄMTER DES BUNDES UND DER LÄNDER 2015 (Hrsg.) (IV): Demografischer Wandel in Deutschland; Auswirkungen auf Krankenhausbehandlungen und Pflegebedürftige im Bund und in den Ländern; Wiesbaden.

STATISTISCHES BUNDESAMT 2015 (Hrsg.) (I): Bevölkerung und Erwerbstätigkeit; Zusammenfassende Übersichten Eheschließungen, Geborene und Gestorbene 1946-2014; Wiesbaden.

STATISTISCHES BUNDESAMT 2015 (Hrsg.) (II): Bevölkerung Deutschlands bis 2060; 13. koordinierte Bevölkerungsvorausberechnung; Wiesbaden.

STATISTISCHES BUNDESAMT 2015 (Hrsg.) (III): Geburtentrends und Familiensituation in Deutschland; Wiesbaden.

STATISTISCHES BUNDESAMT 2015 (Hrsg.) (IV): Bevölkerung und Erwerbstätigkeit; Vorläufige Ergebnisse der Bevölkerungsfortschreibung auf Grundlage des Zensus 2011; Wiesbaden.

STATISTISCHES BUNDESAMT 2015 (Hrsg.) (V): Mikrozensus; Bevölkerung und Erwerbstätigkeit Stand und Entwicklung der Erwerbstätigkeit in Deutschland; Wiesbaden.

STATISTISCHES BUNDESAMT 2015 (Hrsg.) (VI): Bevölkerung Deutschlands bis 2060; Ergebnisse der 13. koordinierten Bevölkerungsvorausberechnung; Wiesbaden.

STATISTISCHES BUNDESAMT 2015 (Hrsg.) (VII): Gesundheit; Personal 2000-2013; Wiesbaden.

STATISTISCHES BUNDESAMT 2014 (Hrsg.) (VIII): Land- und Forstwirtschaft, Fischerei; Arbeitskräfte Agrarstrukturerhebung 2013; Wiesbaden.

STOCK, R. 2013: Personalmanagement; Theorien – Konzepte; Instrumente; 3. Aufl.; Wiesbaden; Gabler Verlag.

THOMAS JR., R. R. 1996: Redefining Diversity; New York; American Management Association.

VELLADICS, K. 2004: Generationenvertrag und demographischer Wandel; Konsequenzen des aktiven Alterns für den Arbeitsmarkt am Beispiel Deutschlands und Ungarns; Wiesbaden; Deutscher Universitäts-Verlag.

Beiträge in Sammelbänden:

BÖHNE, A.; WAGNER, D. 2009: Neue Aufgabenfelder für ältere Mitarbeiter; in: SPECK, P. (Hrsg.): Employability – Herausforderungen für die strategische Personalentwicklung; Konzepte für eine flexible, innovationsorientiere Arbeitswelt von morgen; 4. Aufl.; Wiesbaden; Gabler Verlag; S. 445-452.

BÖRSCH-SUPAN, A. 2009: Gesamtwirtschaftliche Folgen des demographischen Wandels; in: BÖRSCH-SUPAN, A.; ERLINGHAGEN, M.; HANK, K.; JÜRGES, H.; WAGNER, G. G. (Hrsg.): Altern in Deutschland; Produktivität in alternden Gesellschaften; Halle; Deutsche Akademie der Naturforscher Leopoldina e.V.; S. 21-41.

BÖRSCH-SUPAN, A.; DÜZGÜN, I.; WEISS, M. 2009: Alter und Produktivität – eine neue Sichtweise; in: BÖRSCH-SUPAN, A.; ERLINGHAGEN, M.; HANK, K.; JÜRGES, H.; WAGNER, G. G. (Hrsg.): Altern in Deutschland; Produktivität in alternden Gesellschaften; Halle; Deutsche Akademie der Naturforscher Leopoldina e.V.; S. 53-62.

BRAUWEILER, J. 2010: Retention Management; Rekrutierung und Mitarbeiterbindung im Kontext des demografischen Wandels; in: PREißING, D. (Hrsg.): Erfolgreiches Personalmanagement im demografischen Wandel; München; Oldenbourg Wissenschaftsverlag; S. 77-105.

GATZWEILER, H.-P.; MARETZKE, S. 2008: Städte im demographischen Wandel – Stadtentwicklung zwischen Sub- und Reurbanisierung, Wachstum und Schrumpfung; in: MARETZKE, S. (Hrsg.): Städte im demografischen Wandel; Wesentliche Strukturen und Trends des demografischen Wandels in den Städten Deutschlands; Wiesbaden; Bundesinstitut für Bevölkerungsforschung; S. 17-29.

GÜNTHER, T. 2010: Die demografische Entwicklung und ihre Konsequenzen für das Personalmanagement; in: PREIßING, D. (Hrsg.): Erfolgreiches Personalmanagement im demografischen Wandel; München; Oldenbourg Wissenschaftsverlag; S- 3-40.

HUMMEL, M.; THEIN, A.; ZIKA, G. 2010: Der Arbeitskräftebedarf nach Wirtschaftszweigen, Berufen und Qualifikationen bis 2025; Modellrechnungen des IAB; in: HELMRICH, R.; ZIKA, G. (Hrsg.): Beruf und Qualifikation in der Zukunft; BIBB-IAB-Modellrechnungen zu den Entwicklungen in Berufsfeldern und Qualifikationen bis 2025; Bielefeld; Bertelsmann; S. 81-102.

JOCHMANN, W. 2002: Retention Management; Die Leistungsträger der Unternehmen binden; in: RIEKHOF, H.-C. (Hrsg.): Strategien der Personalentwicklung; Mit Praxisberichten von Bosch, Gore, Hamburg-Mannheimer, Opel, Philips, Siemens, Volkswagen, Weidmüller und Weka; 5. Aufl.; Wiesbaden; Gabler Verlag; S. 191-208.

KAUFMANN, F.-X. 2009: Altern der Bevölkerung und gesellschaftliche Dynamik; in: BÖRSCH-SUPAN, A.; ERLINGHAGEN, M.; HANK, K.; JÜRGES, H.; WAGNER, G. G. (Hrsg.): Altern in Deutschland; Produktivität in alternden Gesellschaften; Halle; Deutsche Akademie der Naturforscher Leopoldina e.V.; S. 91-103.

KIRCHGEORG, M; MÜLLER, J. 2011: Personalmarketing als Schlüssel zur Gewinnung, Bindung und Wiedergewinnung von Mitarbeitern; in: STOCK-HOMBURG, R. (Hrsg.): Handbuch Strategisches Personalmanagement; 2. Aufl.; Wiesbaden; Gabler Verlag; 73-90.

KIRSCHTEN, U. 2010: Employer Branding im demografischen Wandel; in: PREIßING, D. (Hrsg.): Erfolgreiches Personalmanagement im demografischen Wandel; München; Oldenbourg Wissenschaftsverlag; S. 107-138.

KÖPPEN, B. 2008: Reurbanisierung als Hoffnung der Städte im demographischen Wandel?; in: MARETZKE, S. (Hrsg.): Städte im demografischen Wandel; Wesentliche Strukturen und Trends des demografischen Wandels in den Städten Deutschlands; Wiesbaden; Bundesinstitut für Bevölkerungsforschung; S. 31-40.

KRELL, G. 2004: Managing Diversity; Chancengleichheit als Wettbewerbsfaktor; in: KRELL, G. (Hrsg.): Chancengleichheit durch Personalpolitik; Gleichstellung von Frauen und Männern in Unternehmen und Verwaltungen. Rechtliche Regelungen – Problemanalysen – Lösungen; 4. Auflage; Gabler Verlag; S. 47-57.

MEUSER, T. 2004: Die ökonomischen Wirkungen des Betrieblichen Gesundheitsmanagements; in: KUHN, D.; SOMMER, D. (Hrsg.): Betriebliche Gesundheitsförderung; Ausgangspunkte – Widerstände – Wirkungen; Wiesbaden; Gabler Verlag

SINGER, S.; NEUMANN, A. 2010: Beweggründe für ein Betriebliches Gesundheitsmanagement und seine Integration; in: ESSLINGER, A.:; EMMERT, M.; SCHÖFFSKI, O. (Hrsg.): Betriebliches Gesundheitsmanagement; Mit gesunden Mitarbeitern zu unternehmerischen Erfolg; Wiesbaden; Gabler Verlag; S. 49-66.

STREECK, W. 2007: Politik in einer alternden Gesellschaft; Vom Generationenvertag zum Generationenkonflikt?; in: GRUSS, P. (Hrsg.): Die Zukunft des Alterns; Die Antwort der Wissenschaft; München; C.H.Beck; S. 279-304.

UEBERLE, M. 2010: Betriebliches Gesundheitsmanagement im demografischen Wandel: in: PREIßING, D. (Hrsg.): Erfolgreiches Personalmanagement im demografischen Wandel; München; Oldenbourg Wissenschaftsverlag; S. 279-309.

VEDDER, G. 2006: Die historische Entwicklung von Diversity Management in den USA und in Deutschland; in: KRELL, G.; WÄCHTER, H. (Hrsg.): Diversity Management; Impulse aus der Personalforschung; München; Mering; Rainer Hampp Verlag; S. 1-23

WALTER, N. 2013: Europa schrumpft und altert – oder besser: Hurra, wir werden älter; in: GÖKE, M.; HEUPEL, TH. (Hrsg.): Wirtschaftliche Implikationen des demografischen Wandels; Herausforderungen und Lösungsansätze; Wiesbaden; Gabler Verlag; S. 1-17.

WEIMER, S.; MENDIUS, H.; KISTLER, E. 2001: Demographischer Wandel und Zukunft der Erwerbsarbeit am Standort Deutschland; in: BULLINGER, H.-J. (Hrsg.): Zukunft der Arbeit in einer alternden Gesellschaft; Stuttgart; Fraunhofer IRB Verlag; S. 25-31.

Zeitschriftenaufsätze:

FUCHS, J. 2010: Demografie und Fachkräftemangel; Die künftigen arbeitsmarktpolitischen Herausforderungen; in: Bundesgesundheitsblatt; 56/2013; S. 399-405.

BÖHM, K. 2010: Demografischer Wandel als Chance für die Gesundheitswirtschaft; in: Bundesgesundheitsblatt; 53/2010; S. 460-473.

BÖRSCH-SUPAN, A.; WILKE, C. B. 2009: Zur mittel- und langfristigen Entwicklung der Erwerbstätigkeit in Deutschland; in: Zeitschrift für Arbeitsmarktforschung; 01/2009; S. 29-48.

BÖRSCH-SUPAN, A. 2011: Ökonomische Auswirkungen des demografischen Wandels; in: Aus Politik und Zeitgeschichte; 10-11/2011; S. 19-26.

BRUSSIG, M. 2015: Demografischer Wandel, Alterung und Arbeitsmarkt in Deutschland; in: Kölner Zeitschrift für Soziologie und Sozialpsychologie; 1/2015 Ergänzung; S. 295-324.

COX JR., T. H.; BLAKE, S. 1991: Managing cultural diversity: implications for organizational competitiveness; in: The Executive; 03/1991; S. 45-56.

ELDERHORST, M. 2005: Diversity Management und Demographie; in: Arbeit und Arbeitsrecht; 03/2005; S. 160-163.

JABLONSKI, H. 2008: Diversity Management; Unternehmen entdecken die Vielfalt; in: Arbeit und Arbeitsrecht; 01/2008; S. 30-32.

LANDWEHR, J.; BREUER, K.; BOHDAL, U. 2013: Die Chancen werden nicht genutzt; in: Personalwirtschaft; 08/2013; S. 38-41.

PURTSCHERT, P. 2007: Diversity Management: Mehr Gewinn durch weniger Diskriminierung?; Von der Differenz im Umgang mit Differenzen; in: Femina Politica Zeitschrift für feministische Politikwissenschaft; 01/2007; S. 88-96.

SINN, H.-W.; ÜBELMESSER, S. 2002: Pensions and the path to gerontocracy in Germany; in: European Journal of Political Economy; 19/2002; S. 153-158.

STÖBEL, D. 2008: Was Ältere tatsächlich kosten; in: Personalmagazin 05/2008; S. 52-54.

SÜß, S. 2010: Quo vadis Diversity Management; Legitimationsfassade oder professionelles Management personeller Vielfalt?; in: Zeitschrift für Management; 05/2010; S. 283-304.

WEEGE, J.; ROTH, C.; SCHMIDT, K.-H. 2008: Eine aktuelle Bilanz der Vor- und Nachteile altersgemischter Teamarbeit; in: Wirtschaftspsychologie; 03/2008; S. 30-43

Internetquellen:

BUNDESINSTITUT FÜR BEVÖLKERUNGSFORSCHUNG 2015: Altenquotient; online im Internet: http://www.bib-demografie.de/SharedDocs/Glossareintraege/DE/A/altenquotient.html . Letzter Zugriff: 21.11.2015.

BUNDESINSTITUT FÜR BEVÖLKERUNGSFORSCHUNG 2015: Gesamtquotient; online im Internet: http://www.bib-demografie.de/DE/Service/Glossar/_Functions/glossar.html?lv2=3071676&lv3=3074178 . Letzter Zugriff: 21.11.2015.

BUNDESINSTITUT FÜR BEVÖLKERUNGSFORSCHUNG 2015: Jugendquotient; online im Internet: http://www.bib-demografie.de/DE/Service/Glossar/_Functions/glossar.html?lv2=3071692&lv3=3074180 . Letzter Zugriff: 21.11.2015.

BUNDESZENTRALE FÜR POLITISCHE BILDUNG 2015: Migration im europäischen Vergleich – Zahlen, Daten, Fakten?; online im Internet: http://www.bpb.de/gesellschaft/migration/dossier-migration/56589/migrationsdaten . Letzter Zugriff: 14.11.2015.

CIA 2015: The World Fact Book; online im Internet: https://www.cia.gov/library/publications/the-world-factbook/fields/2066.html . Letzter Zugriff: 13.11.2015.

DELOITTE 2015: Talent % Diversity Studie; online im Internet: http://www2.deloitte.com/content/dam/Deloitte/de/Documents/human-capital/C-HCAS-Talent-Diversity-Studie-2013.pdf . Letzter Zugriff: 10.12.2015.

DESTATIS 2015: Bevölkerung; Wanderungen Deutschland; online im Internet: https://www.destatis.de/DE/ZahlenFakten/GesellschaftStaat/Bevoelkerung/Wanderungen/Tabellen_/lrbev07.html . Letzter Zugriff: 14.11.2015.

DESTATIS 2015: Bevölkerungsstand; online im Internet: https://www.destatis.de/DE/ZahlenFakten/GesellschaftStaat/Bevoelkerung/Bevoelkerungsstand/Bevoelkerungsstand.html . Letzter Zugriff: 13.11.2015.

DESTATIS 2015: Haushalte & Familien; Haushalte nach Haushaltsgrößen im Zeitvergleich; online im Internet: https://www.destatis.de/DE/ZahlenFakten/GesellschaftStaat/Bevoelkerung/HaushalteFamilien/Tabellen/Haushaltsgroesse.html . Letzter Zugriff: 02.12.2015.

EUROSTAT 2015: Lebenserwartung bei der Geburt, nach Geschlecht; online im Internet: http://ec.europa.eu/eurostat/tgm/refreshTableAction.do?tab=table&plugin=1&pcode=tps00025&language=de . Letzter Zugriff: 13.11.2015.

EUROSTAT 2015: Lower fertility variant – Age specific fertility rates; online im Internet: http://ec.europa.eu/eurostat/web/products-datasets/-/proj_13naasfrlv . Letzter Zugriff: 12.11.2015.

GABLER WIRTSCHAFTSLEXIKON 2015: Bevölkerungswissenschaft; online im Internet: http://wirtschaftslexikon.gabler.de/Archiv/2215/bevoelkerungswissenschaft-v8.html . Letzter Zugriff 11.11.2015.

GABLER WIRTSCHAFTSLEXIKON 2015: demografische Alterung; online im Internet: http://wirtschaftslexikon.gabler.de/Archiv/2581/demografische-alterung-v10.html . Letzter Zugriff: 11.11.2015.

GABLER WIRTSCHAFTSLEXIKON 2015: Fertilitätsmaße; online im Internet: http://wirtschaftslexikon.gabler.de/Archiv/2218/fertilitaetsmasse-v12.html . Letzter Zugriff: 12.11.2015

GABLER WIRTSCHAFTSLEXIKON 2015: Mortalitätsmaße; online im Internet: http://wirtschaftslexikon.gabler.de/Archiv/2219/mortalitaetsmasse-v9.html . Letzter Zugriff: 13.11.2015.

GABLER WIRTSCHAFTSLEXIKON 2015: Sektoren der Volkswirtschaft; online im Internet: http://wirtschaftslexikon.gabler.de/Archiv/58466/sektoren-der-volkswirtschaft-v6.html . Letzter Zugriff: 03.12.2015.

GREAT PLACE TO WORK 2015: Bester Arbeitgeber Siegerlisten 2015 ; online im Internet: http://www.greatplacetowork.de/beste-arbeitgeber/beste-arbeitgeber-siegerlisten-2015 . Letzter Zugriff: 27.12.2015.

SÜDDEUTSCHE ZEITUNG 2006: Merkel Auftritt in Berlin; Gut durchlüftet und locker gelandet; online im Internet: http://www.sueddeutsche.de/politik/merkel-auftritt-in-berlin-gut-durchlueftet-und-locker-gelandet-1.887542 . Letzter Zugriff : 22.12.2015.

Anhang Nr. I — Geburten, Sterbefälle und Migration in Deutschland 1950 – 2014

Jahr	Bevölkerung[230]	Neugeborene[231]	Gestorbene[232]	Geburtenüberschuss/-defizit	Zuwanderung[233]	Abwanderung[234]	Wanderungssaldo	Bevölkerungsveränderung[235]
1950	50.958.125	1.116.701	748.329	368.372	96.140	78.148	17.992	386.364
1951	51.434.777	1.106.380	752.697	353.683	88.349	126.071	-37.722	315.961
1952	51.863.761	1.105.084	767.639	337.445	88.089	135.796	-47.707	289.738
1953	52.453.806	1.095.029	790.654	304.375	101.599	122.264	-20.665	283.710
1954	52.943.295	1.109.743	775.291	334.452	111.490	136.212	-24.722	309.730
1955	53.517.683	1.113.408	795.938	317.470	127.921	136.977	-9.056	308.414
1956	53.339.626	1.137.169	812.111	325.058	159.086	168.101	-9.015	316.043
1957	54.064.365	1.165.555	840.195	325.360	200.142	173.171	26.971	352.331
1958	54.719.159	1.175.870	818.418	357.452	212.520	161.865	50.655	408.107
1959	55.257.088	1.243.922	835.402	408.520	227.600	178.864	48.736	457.256
1960	55.958.321	1.261.614	876.721	384.893	395.016	218.574	176.442	561.335
1961	56.589.148	1.313.505	850.300	463.205	489.423	266.536	222.887	686.092
1962	57.247.246	1.316.534	878.814	437.720	566.465	326.339	240.126	677.846
1963	57.864.509	1.355.595	895.070	460.525	576.951	426.767	150.184	610.709
1964	58.587.451	1.357.304	870.319	486.985	698.609	457.767	240.842	727.827
1965	59.296.591	1.325.386	907.882	417.504	791.737	489.503	302.234	719.738
1966	59.792.934	1.318.303	911.984	406.319	702.337	608.775	93.562	499.881
1967	59.948.474	1.272.276	914.417	357.859	398.403	604.211	-205.808	152.051
1968	60.463.033	1.214.968	976.521	238.447	657.513	404.301	253.212	491.659
1969	61.194.591	1.142.366	988.092	154.274	980.731	436.685	544.046	698.320
1970	61.001.164	1.047.737	975.664	72.073	1.042.760	495.675	547.085	619.158
1971	61.502.503	1.013.396	965.623	47.773	936.349	554.280	382.069	429.842
1972	61.809.378	901.657	965.689	-64.032	852.549	568.610	283.939	219.907
1973	62.101.369	815.969	962.988	-147.019	932.583	580.019	352.564	205.545
1974	61.991.475	805.500	956.573	-151.073	601.013	635.613	-34.600	-185.673
1975	61.644.624	782.310	989.649	-207.339	429.064	652.966	-223.902	-431.241
1976	61.441.996	798.334	966.873	-168.539	476.286	569.133	-92.847	-261.386

230 vgl.: Statistisches Bundesamt (Hrsg.); Bevölkerung und Erwerbstätigkeit (IV); Vorläufige Ergebnisse der Bevölkerungsfortschreibung auf Grundlage des Zensus 2011; Wiesbaden; 2015; S. 18

231 vgl.: Statistische Bundesamt (Hrsg.); Bevölkerung und Erwerbstätigkeit (I); S. 2

232 vgl.: ebenda

233 vgl.: Destatis; hier: https://www.destatis.de/DE/ZahlenFakten/GesellschaftStaat/Bevoelkerung/Wanderungen/Tabellen_/lrbev07.html (Stand: 14.11.2015)

234 vgl.: ebenda

235 Bemerkung: Die Bevölkerungsveränderung gibt nur die Differenz aus dem Geburtenüberschuss/-defizit und dem Wanderungssaldo wieder. Die Bevölkerungszahl in Spalte 2 wurde auf Grundlage des Zensus fortgeschrieben.

1976	61.441.996	798.334	966.873	-168.539	476.286	569.133	-92.847	-261.386
1977	61.352.745	805.496	931.155	-125.659	522.611	505.696	16.915	-108.744
1978	61.321.663	808.619	955.550	-146.931	559.620	458.769	100.851	-46.080
1979	61.439.342	817.217	944.474	-127.257	649.832	419.091	230.741	103.484
1980	61.657.945	865.789	952.371	-86.582	736.362	439.571	296.791	210.209
1981	61.712.689	862.100	954.436	-92.336	605.629	470.525	135.104	42.768
1982	61.546.101	861.275	943.832	-82.557	404.019	493.495	-89.476	-172.033
1983	61.306.669	827.933	941.032	-113.099	354.496	487.268	-132.772	-245.871
1984	61.049.256	812.292	917.299	-105.007	410.387	604.832	-194.445	-299.452
1985	61.020.474	813.803	929.649	-115.846	480.872	425.313	55.559	-60.287
1986	61.140.461	848.232	925.426	-77.194	567.215	407.139	160.076	82.882
1987	61.238.079	867.969	901.291	-33.322	591.765	398.518	193.247	159.925
1988	61.715.103	892.993	900.627	-7.634	860.578	419.439	441.139	433.505
1989	62.679.035	880.459	903.441	-22.982	1.133.794	539.832	593.962	570.980
1990	79.753.227	905.675	921.445	-15.770	1.256.250	574.378	681.872	666.102
1991	80.274.564	830.019	911.245	-81.226	1.198.978	596.455	602.523	521.297
1992	80.974.632	809.114	885.443	-76.329	1.502.198	720.127	782.071	705.742
1993	81.338.093	798.447	897.270	-98.823	1.277.408	815.312	462.096	363.273
1994	81.538.603	769.603	884.661	-115.058	1.082.553	767.555	314.998	199.940
1995	81.817.499	765.221	884.588	-119.367	1.096.048	698.113	397.935	278.568
1996	82.012.162	796.013	882.843	-86.830	959.691	677.494	282.197	195.367
1997	82.057.379	812.173	860.389	-48.216	840.633	746.969	93.664	45.448
1998	82.037.011	785.034	852.382	-67.348	802.456	755.358	47.098	-20.250
1999	82.163.475	770.744	846.330	-75.586	874.023	672.048	201.975	126.389
2000	82.259.540	766.999	838.797	-71.798	841.158	674.038	167.120	95.322
2001	82.440.309	734.475	828.541	-94.066	879.217	606.494	272.723	178.657
2002	82.536.680	719.250	841.686	-122.436	842.543	623.255	219.288	96.852
2003	82.531.671	706.721	853.946	-147.225	768.975	626.330	142.645	-4.580
2004	82.500.849	705.622	818.271	-112.649	780.175	697.632	82.543	-30.106
2005	82.437.995	685.795	830.227	-144.432	707.352	628.399	78.953	-65.479
2006	82.314.906	672.724	821.627	-148.903	661.855	639.064	22.791	-126.112
2007	82.217.837	684.862	827.155	-142.293	680.766	636.854	43.912	-98.381
2008	82.002.356	682.514	844.439	-161.925	682.146	737.889	-55.743	-217.668
2009	81.802.257	665.126	854.544	-189.418	721.014	733.796	-12.782	-202.200
2010	81.751.602	677.947	858.768	-180.821	798.282	670.605	127.677	-53.144
2011	80.327.900	662.685	852.328	-189.643	958.299	678.969	279.330	89.687
2012	80.523.746	673.544	869.582	-196.038	1.080.936	711.991	368.945	172.907
2013	80.767.463	682.069	893.825	-211.756	1.226.493	797.886	428.607	216.851
2014	81.197.537	714.927	868.356	-153.429	1.464.724	914.241	550.483	397.054

Tab. 5: Geburten, Sterbefälle und Migration in Deutschland 1950 – 2014

76

Nr. II Umfrage

Branchenzugehörigkeit

1. Welcher Branche ist Ihr Unternehmen zuzuordnen?

- ○ Architektur und Bauwesen
- ○ Automobil und Fahrzeugbau
- ○ Banken, Versicherungen und Finanzdienstleistungen
- ○ Beratung und Consulting
- ○ Energie, Wasser und Umwelt
- ○ Erziehung und Bildung
- ○ Gesundheit und Soziales
- ○ Immobilien
- ○ Industrie und Maschinenbau
- ○ Konsumgüter und Handel
- ○ Kunst, Kultur und Sport
- ○ Marketing, PR und Design
- ○ Medien und Verlage
- ○ Öffentlicher Dienst, Verbände und Einrichtungen
- ○ Personaldienstleistungen
- ○ Pharma- und Medizintechnik
- ○ Telekommunikation, Internet und Informationstechnologie
- ○ Tourismus und Gastronomie
- ○ Transport und Logistik
- ○ Wirtschaftsprüfung, Steuern und Recht
- ○ Sonstige / Andere

Unternehmensgröße

2. Wie viele Mitarbeiter sind in Ihrem Unternehmen beschäftigt?

- ○ bis 9 Mitarbeiter
- ○ bis 49 Mitarbeiter
- ○ bis 249 Mitarbeiter
- ○ bis 499 Mitarbeiter
- ○ über 499 Mitarbeiter

Alter des Unternehmens

3. Seit wann besteht Ihr Unternehmen?

- ○ 0 - 4 Jahre
- ○ 5 - 9 Jahre
- ○ 10 - 19 Jahre
- ○ 20 Jahre und älter

Familienunternehmen

4. Ist Ihr Unternehmen ein "Familienunternehmen", also ein im Familienbesitz befindliches bzw. Familienkreis geführtes Unternehmen?

- ○ ja
- ○ nein

Alterstruktur im Unternehmen

5. Wie ist die ungefähre Altersstruktur Ihrer Mitarbeiter in Prozent?

bis 30 Jahre:	
31 bis 40 Jahre:	
41 bis 50 Jahre:	
51 bis 60 Jahre:	
älter als 60 Jahre:	

Auswirkungen des demographischen Wandels

6. Sind Ihnen mögliche Auswirkungen des demographischen Wandels auf die Wirtschaft / auf Ihr Unternehmen bekannt?

- ○ ja
- ○ nein

Auswirkungen des demographischen Wandels im Unternehmen

7. Haben sich Auswirkungen des demographischen Wandels in Ihrem Unternehmen schon bemerkbar gemacht?

- ○ ja
- ○ nein

Auswirkungen des demographischen Wandels im Unternehmen

8. Sofern sich die Auswirkungen des demographischen Wandels in Ihrem Unternehmen schon bemerkbar gemacht haben, in welcher Form traten die Auswirkungen auf?

Reaktion auf die Auswirkungen des demographischen Wandels

9. Wie haben Sie auf diese Auswirkungen reagiert?

☐ Gar nicht

☐ _____

Lösungsansätze zum demographischen Wandel

10. Sind Ihnen (weitere) Lösungsansätze zur Bewältigung der Probleme des demographischen Wandels bekannt?

○ Nein

○ Ja, und zwar:
_____

Beurteilung der Effektivität vorgegebener Lösungsansätze

11. Wie beurteilen Sie die Effektivität der folgenden Lösungsansätze zur Bewältigung der Probleme, die der demographische Wandel mit sich bringen kann?

	sehr effektiv	effektiv	eher effektiv	nicht effektiv	Keine Angabe
Arbeitgeberattraktivität erhöhen durch flexible Arbeitszeiten	○	○	○	○	○
Arbeitgeberattraktivität erhöhen durch mitarbeiterspezifische Vereinbarungen	○	○	○	○	○
Arbeitgeberattraktivität erhöhen durch Employer Branding (gezielte Stärkung der eigenen Arbeitgebermarke)	○	○	○	○	○
Erschließung ungenutzer Erwerbspotenziale durch Beschäftigung von Kinderbetreuungspflichtigen Mitarbeitern (Teilzeit)	○	○	○	○	○
Erschließung ungenutzer Erwerbspotenziale durch Beschäftigung von Migranten (Integrations-/Sprachbarrieren)	○	○	○	○	○
Qualifizierungsmaßnahmen, z. B. Beschäftigung von "unqualifizierten Mitarbeitern" und spätere gezielte Qualifizierung / Fort- und Weiterbildung	○	○	○	○	○
Qualifizierungsmaßnahmen, z. B. Ausbildung von "bildungsschwachen Schulabsolventen" und deren gezielte Betreuung und Qualifikation	○	○	○	○	○
Qualifizierungsmaßnahmen, z. B. Trainee-Programme für Berufs-Einsteiger	○	○	○	○	○
Qualifizierungsmaßnahmen, z. B. Verstärkte Fort- und Weiterbildungsprogramme für die Mitarbeiter	○	○	○	○	○
Betriebliches Gesundheitsmanagement, z. B. in Form von Verringerung der Arbeitspensen bei älteren Mitarbeitern	○	○	○	○	○
Betriebliches Gesundheitsmanagement, z. B. durch vom Unternehmen geförderte Sport- und Gesundheitsangebote	○	○	○	○	○
Betriebliches Gesundheitsmanagement, z. B. durch Anpassung der Arbeitsplatzgestaltung an die Bedürfnisse der Mitarbeiter	○	○	○	○	○

Beurteilung der Umsetzbarkeit vorgegebener Lösungsansätze

12. Wie beurteilen Sie die Umsetzbarkeit der folgenden Lösungsansätze zur Bewältigung der Probleme, die der demographische Wandel mit sich bringen kann, unter Berücksichtigung von Aspekten, die für Ihr Unternehmen relevant sind (Kosten, Mitarbeiterakzeptanz und ähnliches)?

	uneingeschränkt umsetzbar	eingeschränkt umsetzbar	kaum umsetzbar	nicht umsetzbar	Keine Angabe
Arbeitgeberattraktivität erhöhen durch flexible Arbeitszeiten	○	○	○	○	○
Arbeitgeberattraktivität erhöhen durch mitarbeiterspezifische Vereinbarungen	○	○	○	○	○
Arbeitgeberattraktivität erhöhen durch Employer Branding (gezielte Stärkung der eigenen Arbeitgebermarke)	○	○	○	○	○
Erschließung ungenutzer Erwerbspotenziale durch Beschäftigung von Kinderbetreuungspflichtigen Mitarbeitern (Teilzeit)	○	○	○	○	○
Erschließung ungenutzer Erwerbspotenziale durch Beschäftigung von Migranten (Integrations-/Sprachbarrieren)	○	○	○	○	○
Qualifizierungsmaßnahmen, z. B. Beschäftigung von "unqualifizierten Mitarbeitern" und spätere gezielte Qualifizierung / Fort- und Weiterbildung	○	○	○	○	○
Qualifizierungsmaßnahmen, z. B. Ausbildung von "bildungsschwachen Schulabsolventen" und deren gezielte Betreuung und Qualifikation	○	○	○	○	○
Qualifizierungsmaßnahmen, z. B. Trainee-Programme für Berufs-Einsteiger	○	○	○	○	○
Qualifizierungsmaßnahmen, z. B. Verstärkte Fort- und Weiterbildungsprogramme für die Mitarbeiter	○	○	○	○	○
Betriebliches Gesundheitsmanagement, z. B. in Form von Verringerung der Arbeitspensen bei älteren Mitarbeitern	○	○	○	○	○
Betriebliches Gesundheitsmanagement, z. B. durch vom Unternehmen geförderte Sport- und Gesundheitsangebote	○	○	○	○	○
Betriebliches Gesundheitsmanagement, z. B. durch Anpassung der Arbeitsplatzgestaltung an die Bedürfnisse der Mitarbeiter	○	○	○	○	○

Nr. III   **Auswertung**

Dauer der Umfrage: 4 Wochen (05.11.2015 – 05.12.2015)

Methode: Online-Befragung 90%

                    Unternehmen wurden per E-Mail angeschrieben

                    Paper-Pencil-Befragung: 10%

                    Unternehmen wurde der Fragebogen, samt frankierten
                    und adressierten Antwortumschlag, persönlich überge-
                    ben

Angeschrieben: 500 Unternehmen (Grundgesamtheit)

Teilnehmer: 101 Unternehmen

Teilnehmerquote: 20,2%

Frage 1:   Welcher Branche ist Ihr Unternehmen zuzuordnen?

Antwort	Anzahl der Nennungen	Prozent
Architektur und Bauwesen	7	6,93%
Automobil und Fahrzeugbau	5	4,95%
Banken, Versicherungen und Finanzdienstleistungen	4	3,96%
Beratung und Consulting	2	1,98%
Energie, Wasser und Umwelt	3	2,97%
Erziehung und Bildung	0	0,00%
Gesundheit und Soziales	5	4,95%
Immobilien	0	0,00%
Industrie und Maschinenbau	26	25,74%
Konsumgüter und Handel	8	7,92%
Kunst, Kultur und Sport	1	0,99%
Marketing, PR und Design	1	0,99%
Medien und Verlage	4	3,96%
Öffentlicher Dienst, Verbände und Einrichtungen	9	8,91%
Personaldienstleistungen	1	0,99%
Pharma- und Medizintechnik	1	0,99%
Telekommunikation, Internet und Informationstechnologie	1	0,99%
Tourismus und Gastronomie	2	1,98%
Transport und Logistik	3	2,97%
Wirtschaftsprüfung, Steuern und Recht	1	0,99%
Sonstige / Andere	17	16,83%
Σ	101	100,00%

Tab. 6: Branchenzugehörigkeit

Frage 2: **Wie viele Mitarbeiter sind in Ihrem Unternehmen beschäftigt?**

Antwort	Anzahl der Nennungen	Prozent
bis 9 Mitarbeiter	12	11,88%
bis 49 Mitarbeiter	22	21,78%
bis 249 Mitarbeiter	27	26,73%
bis 499 Mitarbeiter	12	11,88%
über 499 Mitarbeiter	28	27,72%
Σ	101	100,00%

Tab. 7: Unternehmensgröße

Frage 3: **Seit wann besteht Ihr Unternehmen?**

Antwort	Anzahl der Nennungen	Prozent
0 – 4 Jahre	3	2,97%
5 – 9 Jahre	3	2,97%
10 – 19 Jahre	5	4,95%
20 Jahre und älter	90	89,11%
Σ	101	100,00%

Tab. 8: Unternehmensalter

Frage 4: **Ist Ihr Unternehmen ein „Familienunternehmen", also ein im Familienbesitz befindliches bzw. Familienkreis geführtes Unternehmen?**

Antwort	Anzahl der Nennungen	Prozent
Ja	62	61,39%
Nein	39	38,61%
Σ	101	100,00%

Tab. 9: Familienunternehmen

Frage 5: Wie ist die ungefähre Altersstruktur Ihrer Mitarbeiter in Prozent?

Antwort	Mittelwert der Nennungen
bis 30 Jahre	17,40
31 bis 40 Jahre	21,96
41 bis 50 Jahre	29,71
51 bis 60 Jahre	23,61
über 60 Jahre	7,32
Σ	100

Tab. 10: Altersstruktur im Unternehmen

Frage 6: Sind Ihnen mögliche Auswirkungen des demographischen Wandels auf die Wirtschaft / auf Ihr Unternehmen bekannt?

Antwort	Anzahl der Nennungen	Prozent
Ja	83	82,18%
Nein	18	17,82%
Σ	101	100,00%

Tab. 11: Auswirkungen des demographischen Wandels I

Frage 7: Haben sich Auswirkungen des demographischen Wandels in Ihrem Unternehmen schon bemerkbar gemacht?

Antwort	Anzahl der Nennungen	Prozent
Ja	40	40,00%
Nein	60	60,00%
Σ	100	100,00%

Tab. 12: Auswirkungen des demographischen Wandels II

Frage 8: Sofern sich die Auswirkungen des demographischen Wandels in Ihrem Unternehmen schon bemerkbar gemacht haben, in welcher Form traten die Auswirkungen auf?

- hohe ausfallzeiten
- Vermehrtes Ausscheiden aus dem Dienst
- Weniger Azubis Bewerbung
- An wichtigen Positionen haben wir Nachwuchskräfte eingesetzt, damit diese von den erfahrenden Kollegen lernen können und das Wissen vermittelt bekommen.
- Umsatzrückgang
- es ist schwieriger geworden gute Bewerber insbesondere für Ausbildungsplätze zu gewinnen
- Verrentungswellen
- Auch unsere Kunden werden immer älter. Neue, jüngere Kunden kommen nur noch im geringen Ausmass nach.
- Fachkräftemangel, alternde Belegschaft
- Bewerbermangel
- Überalterung der Belegschaft, da es so gut wie keine arbeitnehmerseitigen Kündigungen gibt.
- Alter der Berufskraftfahrer
- erschwerte Suche nach geeigneten jüngeren Mitarbeitern
- Es werden von den Kunden andere Services und Dienstleistungen erwartet und gewünscht
- Sinken der BewerberInnenzahlen Aubildungsplätze, deutlicher Anstieg der Fluktuation durch Renteneintritt geburtenstarke Jahrgänge (Nachfolgeplanung)
- Großer Krankenstand in der älteren Belegschaft
- Altersstruktur im Unternehmen hat ein UNgleichgewicht, Fachkräfte und Auszubildende sind schwer zu finden
- Der Mangel an fähigem Nachwuschs wird immer deutlicher
- Verändertes Konsumverhalten
- Ausscheiden von Leitungsmitarbeitern
- Probleme bei der Suche nach qualifizierten und motivirten Mitarbeitern
- höhere Krankenquote, Facharbeitermangel
- hoher Anteil älterer Arbeitnehmer, dadurch mehr Krankheitstage, dadurch höhere Gehaltsgruppen
- Besetzung von Fach- und Führungspositionen schwieriger
- Fachkräftemangel
- längere Suche nach qualifiziertem Personal
- Weniger Mitarbeiter/innen sind im Unternehmen beschäftigt
- Steueraufkommen, Entwicklung der Benutzungsgebühren
- steigender Altersdurchschnitt
- alternde Belegschaft, Wissensverlust
- Probleme in der Findung neuer Mitarbeiter
- geringere Anzahl an Stellenbewerbern
- Schwierigkeiten bei der Besetzung von Ausbildungsstellen
- Ausscheiden qualifizierter Mitarbeiter aufgrund des hohen Alters und Schwierigkeiten der Nachfolgefindung
- geringere Anzahl an Ausbildungsbewerbern und mangelnde Qualität der Bewerber
- Rückgang der Bewerber für Fach und Führungskräfte, Rückgang der Bewerber in gewerblichen Ausbildungsberufen
- Nachwuchsmangel

Tab. 13: Auswirkungen des demographischen Wandels III

Frage 9: **Wie haben Sie auf diese Auswirkungen reagiert?**

Antwort	Anzahl der Nennungen	Prozent
Gar nicht	8	21,05%
Freie Texteingabe	30	78,95%
Σ	38	100,00%

Tab. 14: Reaktion auf Auswirkungen des demographischen Wandels I

- Erhöhte Einstellungen
- Facebook
- wie bereits im Vorfeld schon geschrieben
- Mitarbeiterabbau
- verstärktes Marketing, Verbesserung der Ausbildung, frühzeitiger Aufbau von Stellvertretern/potenziellen Nachfolgern
- Ausbildungsoffensive
- Produkte müssen für ältere Konsumenten attraktiv sein. Zudem müssen neuen Produkte für jüngere Zielgruppen kreiert werden.
- Betriebliches Gesundheitsmanagement, Alterstrukturanalysen, Ergnonomieanalysen, Karriereplanung, Strategische Personalplanung
- Intensivierung des Personalmarketings, Rückholaktionen für ausgeschiedene Mitarbeiter, Modifizierung der Personalplanung
- Rekrutierung, Ausbildung eigener Fachkräfte (ca. 50 Azubis)
- intensivere Suche
- Wir stellen uns rechtzeitig auf die Bedürfnisse der Kunden ein
- Verstäktes Ausbildungsmarketing, Steigerung der Arbeiteberattraktivität, Ausbau des Rententionmanagement, Systematisierung Nachfolgeplanung/Wissensmanagement
- Krankenrückführgespräche, BEM
- Gesundheitsmanagement und Personalmarketing
- Zusammenarbeit mit verschiedenen Trägern begonnen (Arbeitsamt, Fahrschulen ..)
- Teilumstrukturierung
- frühzeitige Personalsuche, eigene Ausbildung, interner Aufstieg von Mitarbeitern
- Kontaktanzeigen in Schulen
- Erhöhung der Ausbildungsquote, Gesundheitsmanagement
- Audit Beruf und Familie; Flexible Arbeitszeiten, Teilzeitangebote, Einrichtung eines Eltern-Kind-Arbeitsplatzes für Betreuungsnotfälle
- intensivierte Personalplanung und –entwicklung
- arbeiten an unserem Arbeitgeberprofil
- Zum Teil Neueinstellungen
- Personalkosten angepasst, im Versorgungsbereich überwiegen aber die Fixkosten wie Abschreibung, Verzinsung des Anlagekapitals
- vermehrte Ausbildung
- strukturierte Nachfolgeplanung
- Planung höherer Automatisierung
- eigene Ausbildung und Weiterbildungsmaßnahmen verstärkt
- Demographieorientierte Personalplanung und -beschaffung, Gesundheitsmanagement

Tab. 15: Reaktion auf Auswirkungen des demographischen Wandels II

Frage 10:   Sind Ihnen weitere Lösungsansätze zur Bewältigung der Probleme des demographischen Wandels bekannt?

Antwort	Anzahl der Nennungen	Prozent
Nein	57	62,64%
Ja, und zwar	34	37,36%
Σ	91	100,00%

Tab. 16: Lösungsansätze zum demographischen Wandel I

- Work Life Balance, Kinderbetreuung
- Automation und verstärkt betriebliche Weiterbildung
- gezielter Einsatz von Rentnern für den Wissenstransfer, Ermöglichung von dualen bzw. praxisintegrierten Studiengängen
- Rekrutierungsmaßnahmen, aktives Gesundheitsmanagement, Betriebliches Eingliederungsmanagement, Optimierung Betriebsklima
- Ausbildung *[Anmerkung: Insgesamt neun Nennungen unter dem Oberbegriff „Ausbildung"]*
- altersgerechte Arbeitsplätze, Verlängerung der Arbeitszeit, Teilzeit
Compensation & Benefits
- Rekrutierung aus dem Ausland, Jobsharings etc. pp.
- Entwicklung eigener Mitarbeiter
- Marktbeobachtung und Strategiebildung
- Weiterbeschäftigung von Älteren nach Renteneintritt
Altersgemischte Lerngruppen, Coaching von Älteren für Jüngere, Betriebliches Gesundheitmanagement, "Familie und Beruf"
- Förderung Familie und Arbeitsplatz besser abzustimmen
- Wissensmanagement, Diversity, Gesundheitsmanagement, altersgruppenbezogene Aus-/Weiterbildung, flexible Arbeitszeitmodelle
- hohe Ausbildungsquote, Gesundheitsmanagement
- Unternehmenskultur entwickeln bzw. pflegen...Attraktivität des Arbeitsgebers weiter steigern
- Personalbeschaffung im Ausland oder komplettes Outsorsing des Fuhrparks + Fahrer ins Ausland um Kosten zu sparen
- Teilzeitbeschäftigung älterer Mitarbeiter als Berater, Arbeitgebermarketing
- Home-Office
- größeres Angebot an Teilzeitarbeitsplätzen; flexible Arbeitszeiten
- längere Arbeitszeiten, Wissensmanagement, Beschäftigung ausländischer Mitbürger
- Mitarbeiterbindung, Betriebliches Gesundheitsmanagement, Inklusion, Teilzeitangebote
- Zuwanderung *[Anmerkung: Insgesamt sieben Nennungen unter dem Oberbegriff „Migration"]*
- Bürgerschaftliches Engagement als Stütze der Stadt weiterhin nach allen Kräften unterstützt
- Arbeitsbedingungen für alternde Belegschaft soweit möglich bedarfsgerecht anpassen
- Frühzeitige Ausbildung sowie Förderung / Unterstützung junger Mitarbeiter Familien
- Organisiert Schrumpfen, Investition in neue Technologien, Arbeitsplätze den neuen Ansprüchen entsprechend gestalten, selbst ausbilden
- Interne Aus- und Weiterbildung

Tab. 17: Lösungsansätze zum demographischen Wandel II

Frage 11: Wie beurteilen Sie die Effektivität der folgenden Lösungsansätze zur Bewältigung der Probleme, die der demographische Wandel mit sich bringen kann?

		Anzahl der Nennungen				
		Sehr effektiv (1)	Effektiv (2)	Eher effektiv (3)	Nicht effektiv (4)	Keine Angabe (0)	Mittelwert *
Arbeitgeberattraktivität erhöhen durch	flexible Arbeitszeiten	25	42	20	2	5	1,99
	mitarbeiterspezifische Vereinbarungen	20	40	20	7	7	2,16
	Employer Branding (gezielte Stärkung der eigenen Arbeitgebermarke)	15	34	32	3	10	2,27
Erschließung ungenutzter Erwerbspotenziale durch	Beschäftigung von Kinderbetreuungspflichtigen Mitarbeitern (Teilzeit)	12	28	31	12	11	2,52
	Beschäftigung von Migranten (Integrations-/Sprachbarrieren)	8	21	34	21	10	2,81
Qualifizierungsmaßnahmen, z. B.	Beschäftigung von "unqualifizierten Mitarbeitern" und spätere gezielte Qualifizierung / Fort- und Weiterbildung	9	21	41	17	6	2,75
	Ausbildung von "bildungsschwachen Schulabsolventen" und deren gezielte Betreuung und Qualifikation	6	14	40	23	11	2,96
	Trainee-Programme für Berufs-Einsteiger	15	44	19	7	9	2,21
	Verstärkte Fort- und Weiterbildungsprogramme für die Mitarbeiter	33	43	13	0	5	1,78
Betriebliches Gesundheitsmanagement, z. B.	in Form von Verringerung der Arbeitspensen bei älteren Mitarbeitern	18	32	30	7	7	2,30
	durch vom Unternehmen geförderte Sport- und Gesundheitsangebote	17	33	34	5	5	2,30
	durch Anpassung der Arbeitsplatzgestaltung an die Bedürfnisse der Mitarbeiter	21	43	20	5	5	2,10

Tab. 18: Effektivität vorgegebener Lösungsansätze

*keine Berücksichtigung der Nennung „Keine Angabe" mit dem Wert 0 bei der Berechnung des Mittelwertes

Frage 12: Wie beurteilen Sie die Umsetzbarkeit der folgenden Lösungsansätze zur Bewältigung der Probleme, die der demographische Wandel mit sich bringen kann, unter Berücksichtigung von Aspekten, die für Ihr Unternehmen relevant sind (Kosten, Mitarbeiterakzeptanz und ähnliches)?

		Anzahl der Nennungen					Mittelwert *
		Sehr effektiv (1)	Effektiv (2)	Eher effektiv (3)	Nicht effektiv (4)	Keine Angabe (0)	
Arbeitgeberattraktivität erhöhen durch	flexible Arbeitszeiten	11	60	11	4	2	2,09
	mitarbeiterspezifische Vereinbarungen	17	47	16	5	3	2,11
	Employer Branding (gezielte Stärkung der eigenen Arbeitgebermarke)	21	32	23	4	8	2,13
Erschließung ungenutzter Erwerbspotenziale durch	Beschäftigung von Kinderbetreuungspflichtigen Mitarbeitern (Teilzeit)	6	54	17	8	3	2,32
	Beschäftigung von Migranten (Integrations-/Sprachbarrieren)	3	35	31	12	7	2,64
Qualifizierungsmaßnahmen, z. B.	Beschäftigung von "unqualifizierten Mitarbeitern" und spätere gezielte Qualifizierung / Fort- und Weiterbildung	9	36	28	10	5	2,47
	Ausbildung von "bildungsschwachen Schulabsolventen" und deren gezielte Betreuung und Qualifikation	5	30	31	17	5	2,72
	Trainee-Programme für Berufs-Einsteiger	22	39	15	5	7	2,04
	Verstärkte Fort- und Weiterbildungsprogramme für die Mitarbeiter	38	40	5	2	2	1,66
Betriebliches Gesundheitsmanagement, z. B.	in Form von Verringerung der Arbeitspensen bei älteren Mitarbeitern	8	56	15	6	3	2,22
	durch vom Unternehmen geförderte Sport- und Gesundheitsangebote	19	44	14	9	2	2,15
	durch Anpassung der Arbeitsplatzgestaltung an die Bedürfnisse der Mitarbeiter	17	54	10	5	2	2,03

Tab. 19: Umsetzbarkeit vorgegebener Lösungsansätze

*keine Berücksichtigung der Nennung „Keine Angabe" mit dem Wert 0 bei der Berechnung des Mittelwertes